살림 愛

권형민 지음

리빙 크리에이티브 디렉터
권형민의 소소한 일상을 누리는
작은 아이디어

살림愛

발행일 | 초판 1쇄 2012년 3월 26일
　　　　초판 2쇄 2013년 9월 23일

지은이 | 권형민
펴낸이 | 임후남

디자인 | 디자인올
인　쇄 | 천일문화사

펴낸곳 | 생각을담는집
주　소 | 서울시 양천구 목동 917-9 현대41타워 3903
전　화 | 편집 070-8274-8387 영업 02-2168-3787
팩　스 | 02-2168-3786
전자우편 | mindprinting@hanmail.net

ⓒ 권형민, Printed in Seoul. Korea
이 책의 판권은 지은이와 생각을담는집에 있습니다.
양쪽의 서면 동의 없는 무단 전재와 복제를 금합니다.

ISBN 978-89-94981-22-2 13950

＊ 이 책의 저자 인세와 출판사 수익금 일부는 꿈을 잃은 아이들에게
　사랑을 전하는 '컴패션'에 기부 됩니다.

이 책을
첫사랑이자, 예쁜 아내로 만들어 준
멋진 남편 허호와 언제나 사랑스런 세 아들
성준, 성혁, 준환에게 바칩니다.

잠시 쉬기로 했습니다.

40일간의 새벽 기도가 끝나고 며칠이 지난 무렵의 새벽이었습니다. 일밖에 모르는 삶이기에 쉰다는 생각은 단 한 번도 하지 않았었습니다. 그래서였을까. 생각만으로도 왠지 모를 설렘으로 가슴이 두근거렸습니다.

안식의 축복은 그렇게 다가왔습니다.

그동안, 바쁜 일상 속에서 소소하거나 별일 아니라 생각했던 것들의 아름다움들이 눈에 들어오기 시작했습니다.

햇살 가득한 오후의 창가, 빨래가 있는 풍경, 아이들의 웃음소리, 이웃과의 정겨운 담소, 정원에서 낮잠을 자는 고양이, 언제나 내 곁에 있는 핸드메이드 반짇고리, 이웃이 만들어준 핀 봉 반지, 어머니의 오래된 재봉틀, 아이들의 어린 시절이 담겨 있는 가족사진 등.

그러고 보면 이 모든 것들은 내가 턱없이 부족한 능력으로도 바깥세상에서 활기치고 날갯짓을 흉내라도 낼 수 있게 해 준 에너지원이었습니다. 그동안 말없이 나를 지켜 주고 있었던 것입니다.

여기까지 생각하니 참으로 부끄러워졌습니다. 지금껏 받기만 하는 제 모습이
말입니다.

그래서 받았던 기쁨들을 정리하기 시작했습니다. 컴퓨터와 친해 보려고 노력
도 하고, 그간 누렸던 기쁨의 자료들을 하나하나 모아 감사의 노트로 정리했
습니다.

'LIVING WISE' 란 이름으로 말입니다.

항상 기뻐하라

삶 속에서 일어나는 크고 작은 일상들을 항상 기뻐하기란 쉽지 않을 것 같습
니다. 언제부턴가 반복되는 일상에서 기쁨과 감동은 점점 줄어들고, 걱정거
리와 원망은 왜 그리 많은지…….

말씀을 보면서 작은 일상들에 기뻐하기로 했습니다. 그리고 그 기쁨들을 구
체적으로 적어 보았습니다. 처음엔 아주 미미한 기쁨이었는데, 할수록 조금
씩 커져만 갑니다. 마치 영적으로 맛있는 밥을 먹는 것 같습니다. 갓 지은 밥
맛을 알게 되는 것처럼 말입니다.

쉬지 말고 기도하라

걱정한다 해서 제 힘으로 해결할 수 있는 것은 그리 많지 않습니다. 한결같은 사랑으로 지켜보는 주님과 눈 맞추고, 그리고 한숨 크게 쉬고 천천히 일상을 걷고 싶습니다.

범사에 감사하라

드레스 디자이너로, 웨딩 크리에이티브 디렉터로 20년이 넘게 일하면서, 저는 감사하게도 신부들과 행복한 고민을 나누며 일을 할 수 있었습니다.
그 행복한 고민의 키워드는 언제나 '사랑받는 행복한 신부!' 덕분에 사랑받는 행복한 신부의 마음을 간직할 수 있었답니다.
그러나 무엇보다 감사한 것은 저를 늘 아름다운 신부로 뜨겁게 사랑해 주시는 그분의 사랑입니다. 그다지 예쁘지도, 지혜롭지도 않은 실수투성이인 저를 '그냥' 사랑해 주시는 그분의 러브레터에 콩닥콩닥 설레는 가슴으로 '오늘'을 누리며 삽니다.

조금씩 변하는 저의 모습에 식구들도 같이 변하는 것을 발견합니다. 잔소리
할 때보다 아이들은 더 잘 자라는 것 같습니다. 무뚝뚝한 남편도 어느새 웃음
이 더 많아졌습니다.

아름다운 벗들이 저의 이런 작은 삶을 같이 기뻐해 주네요.

어느 날, 저의 작은 텃밭을 보고 싶다며 찾아온 이와 일상의 감사에 대해 이
야기를 나누다 책까지 내게 되었습니다. 늘 그 자리에 있어 잊기 쉬운 일상들
을 작은 아이디어와 새로움으로, 조금 더 기쁘게 조금 더 예쁘게 누리고 살면
좋겠습니다. 그 일상들이 조용히 제자리에 있어 기쁜 것처럼 우리도 늘 자기
자리에서 더 기뻤으면 좋겠습니다.

2012년 봄
권형민

CONTENTS

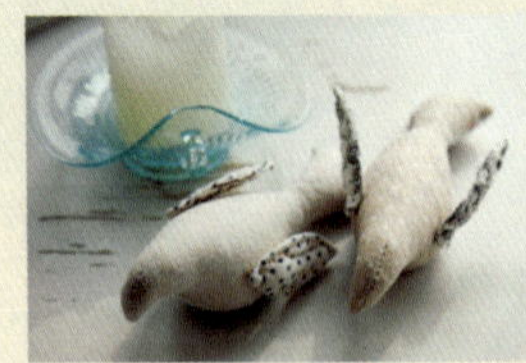

SUMMER

AUTUMN

WINTER

SPRING

햇살 가득한 오후,
우리 집 커튼

처음엔, 햇살이 좋아 가리지 않을 생각이었습니다.

그러다 꼭 필요한 부분만 가리는 방법을 생각해 보았지요.

그냥 쉽게 가자는 생각에

가지고 있던 손수건을 양면 테이프로 붙여 보기도 하고,

자투리 천 조금과 핀 두 개, 선물 받은 주방 타월,

그리고 봉에 묶는 커튼 원단을 사다 압핀으로 꾹꾹 눌러

쉽게, 쉽게 해결했습니다.

달리 계산하거나 의도하지는 않았지만,

하고 보니 멋진 창가가 연출되었어요.

따가운 햇살을 막아줄 사랑스러운 커튼은 리넨 원단을 압핀 몇 개로 윗면 창틀에 고정시키고, 가운데를 주름잡아 옷핀으로 고정했어요. 원단 구입은 동대문 종합상가나 인터넷 원단 쇼핑몰을 이용하면 됩니다.

거즈 원단을 이용해 커튼을 만들었어요. 원단은 한 마에 1천 5백원 ~3천 5백원 선. 집안 창가를 꾸미는 데는 5마 정도면 충분해요. 거즈 원단을 압핀이나 글루건으로 창가 윗면에 고정시키고, 나무 집게나 자투리 거즈로 만든 끈으로 볼륨감 있게 묶었어요. 최대한 쉽게, 심플하게 하는 것이 포인트.

면적이 클 경우에는 예쁜 침대 시트 등 수변에 있는 것 중 창가에 대보고 벽지나 가구에 어울리는 것을 걸어 놓으면 OK. 또, 창가에 커튼과 어울리는 소품을 놓으면 좀 더 멋스러운 창가 분위기가 연출됩니다.

커튼은 늘 어렵고 돈이 많이 드는 장식으로만 생각했는데
이렇게 해보니 그때그때 보기도 쉽고,
세탁은 또 얼마나 편한지.
세탁기에 돌린 후 탁탁 털어서 꽂아 놓으면 그대로 끝!
혹시 구김이 있으면 향수 몇 방울 떨어뜨린 스프레이를
몇 번 뿌려 주면 간단히 해결된답니다.

커튼 때문에 스트레스 받을 일 없어 "Thank you!"
센스 있다 소리 들어 "Double thank you!"

내가 휘둘리는 장식보다
내가 즐기는 '나'다운 그런 커튼 장식이어서 참 사랑스럽습니다.
무언가를 조합해 볼 수 있다는 건,
그만큼 가지고 있는 것을 비워 놓는 거겠지요.
생각도 바로 그런 것입니다.

'내려놓음' 이란 것은
그리 어렵지 않은 일상의 적용이었습니다.
정형적인 틀을 비우고 나니
햇빛도 나 좋을 만큼 가지고,
방법만 조금 달리 했을 뿐인데 참 행복합니다.
작은 적용이 큰 기쁨을 줍니다.

꽃 피는 봄날,
로맨틱 게스트 룸

반가운 전화를 받았어요. 멀리 사는 조카가 봄방학을 맞이하여
며칠 놀다 간다네요. 방문 소식에 괜스레 마음이 설레입니다.
어떻게 하면 기분 좋게 맞이할 수 있을까.
이런저런 생각 끝에 우선 막내가 쓰던 방을 게스트 룸으로 꾸며보기로 했어요.
무슨 호사스런 게스트 룸까지는 아니더라도 있는 것을 가지고
정성껏 꾸며보자 생각했지요.

새롭게 무언가를 할 때는 일단 비우는 게 제일입니다.
특히나 남자아이의 방을 여자아이가 기분 좋게 쉴 수 있는 방으로
바꿔야 할 때는 더 그렇죠.
남자아이의 소품은 안 보이는 곳으로 치운 후
청소를 시작했습니다.

막내가 쓰던 침대에 꽃무늬 퀼트 시트를 깔았더니 분위기가 제법 화사해졌네요.

베갯잇 위에 선물 받아 모셔두었던 리넨 타월을 얹어 실로 살짝 고정시켜 놓았어요. 원래 남자아이에게는 타월을 얹어 주는데 여자아이라 수놓은 리넨을 올렸어요. 이렇게 베갯잇 위에 타월이나 리넨을 올리면 이것만 빼서 빨면 되니까 편하답니다. 뿐만 아니라 갓 빤 타월에 머리를 두고 누우면 향긋한 비누 냄새가 풀풀 나서 기분까지 상쾌해지죠.

여자아이라 여러 가지 소품, 스카프, 액세서리 들이 있을 것 같아 쓰던 바디를 화장대 옆에 두었어요.

향수병에 물을 담아 아로마 오일 몇 방울을 떨어뜨려 침대시트나 커튼에 뿌리면 은은한 향이 방안에 가득 퍼진답니다.

화장대는 아이들 옷을 보관하던 옷 보관함 두 개를 포개고, 그 위에 흰 타월 한 장과 수놓은 손수건 한 장을 나란히 깔았어요. 또 이태원에서 구입한 일명 '공주 거울'이 있어 그걸 옷 보관함 위에 올렸지요. 너무 예뻐서 샀지만 달리 쓸 데가 없어 찬밥 신세였던 거울을 드디어 쓸 수 있게 되어 기뻤답니다. 만약 거울이 없다면 손거울을 두어도 좋겠지요.

지인이 준 장식용 의자인데 바닥이 낡아 손수건을 깔아 놓았더니 그 자체로 아주 여성스러운 인테리어 소품이 되었습니다.

정성스럽고 고운 마음,
한 복 지 책 보

한복 짓는 예쁜 친구에게 놀러 갔습니다.

매실차를 마시다 친구가 정갈한 책보를 선물로 내놓았어요.

순간, 쪽머리가 유난히 고우셨던 외할머니 생각이 났습니다.

할머니, 엄마, 이모 들의 기억들도 더불어 따라왔어요.

전쟁통에 그리 넉넉지 않은 살림, 아이들노 많있지만

할머니는 작은 것이라도 늘 정갈한 보에 싸서 정성껏 준비하셨다 들었습니다.

시어른께 올리는 약주는 예쁜 주머니로 수술을 달아 드렸다 들었습니다.

엄마와 이모들의 속옷은 하얗게 빨아

늘 주머니에 따로 넣어 정리하셨다 들었습니다.

게다가 할아버지의 날 선 동정과

구김 없는 도포자락은 할머니의 자존심이었지요.

할머니는 정갈하고 조용한 섬김 속에서 남자들의 자존심과

아이들의 행복을 간절히 바라셨나 봅니다.

아름답고 은은하며, 치우치지 않고 시끄럽지 않은.
반짝이는 장독대 앞에서 하얗게 삶은 행주를 손에 들고
흐트러짐 없는 쪽머리에 은비녀를 꽂고
"우리 강아지" 하며 안아 주시던 작은 체구의 할머니.
여름이면 봉숭아에 백반 섞어 곱게 빻아 손톱을 물들여 주시던 할머니.

문득,
할머니의 일기장은 어디로 갔을까, 하는 생각이 들었습니다.
어려운 시절의 이야기든, 좋은 시절의 추억이든
늘 조용히 웃으시며 쓰셨던
할머니의 일기장을 찾게 되면
꼭 이 책보에 넣고 싶습니다.

은은한 사랑을 나누신 할머니를 닮은 책보.
할머니가 가르쳐 주신 대로
정갈하게 정성을 담아 지인을 위한
선물을 준비해 봅니다.

토실토실 귀여운 도토리,
핀 봉 반지

뒷산에서 주워온 도토리들이 잘 말라 있네요.

송알송알 들어 있던 알맹이들은 다람쥐 먹이로 던져 주고

안 빠지는 녀석은 집에 가져왔더니 마르면서 쏘옥 빠져버렸어요.

그냥 들여다봐도 너무 예쁜데,

솜씨 좋은 이웃집 혜인엄마가 핀 봉을 만들어 주었어요.

구수한 옥수수차와 강냉이를 먹어 가면서 이 귀여운 녀석들을 만들었답니다.

반지처럼 끼고 핀 봉으로 쓰면 딱 좋겠다 싶어요.

생각보다 쉬워서 함께 만들어 봅니다.

이런저런 사는 이야기들 속에 핀 봉들이 하나하나 만들어졌습니다.

살면서 세상의 숲에 묻히고 가려져

스스로 자신의 존재가 보잘 것 없다고 의기소침해 있는

내 안의 작은 나에게

그렇지 않다고!

얼마나 사랑스럽고 유쾌한 존재인지 알려 주시려는

주님의 손길 같아서

참 행복했습니다.

그러고 보니 감사의 일상들이 참 많습니다.

맑은 공기와 푸른 숲, 새들의 노랫소리와 고양이의 한숨 소리 등등…….

이미 지나버린 속상한 이야기보다는

오늘 허락하신 기쁨의 선물들을 풀어 봐야겠습니다.

1 먼저, 알맹이를 뺀 도토리 껍질 표면을 사포로 부드럽게 갈아주고요.
2 가운데를 송곳으로 살살 구멍을 뚫어 고무줄을 넣어요.
3 자투리 원단 가운데에 솜을 올려 동그랗게 오므린 후
4 도토리 껍질 안에 넣어 접착제로 고정시키면 완성!

바느질을 즐겨하는 저의 필수품, 반짇고리입니다.
간단한 바느질 도구들을 예쁜 박스와 지갑에 넣었어요.
제가 있는 곳에는 언제나 이 반짇고리가 있습니다.
집안, 여행지, 카페, 차 안⋯⋯
어디든, 언제나.

어느 오후 햇살의 이야기,
레 이 스 찻 잔 과 램 프 커 버

문득 눈을 들어 하늘을 보니 햇살이 조금 달라져 있습니다.
봄이 오려나 봐요.
칙칙한 집안에 레이스들을 꺼내 놓았어요.
요즈음 빈티지다 뭐다 해서 레이스 가격이 많이 올랐지만
제게 있는 것들은 그리 비싼 것은 아닙니다.

대학교 때 아껴 입던 블라우스 깃에 붙어 있던 레이스,
친구가 선물로 준 손뜨개 컵받침 레이스,
앤티크 숍 한구석 먼지 속에 있어
말도 안 되게 싸게 구입했던 낡은 레이스 등.
무늬 하나하나에 이야기들이 참 많습니다.
제겐 모두 추억이 담긴 레이스들이죠.

갖가지 사연과 예쁜 추억이 있는
레이스를 꺼내 봄볕으로 칠해 보았어요.
먼지에, 세월에 구겨진 레이스들이 햇살 앞에 나오니
너무 근사해집니다.
본래 만들어질 때는 화려하고
더 뽐내라고 누군가 만들었겠지요.

이제 레이스로 봄을 연출해 봅니다.
컵에도 붙여 보고
낡은 쿠션에도 붙여 봅니다.
뭐, 완성되지 않으면 어떤가요?
있는 그대로가 예쁜데.
도구요?
역시 투명 테이프, 실, 바늘, 핀 몇 개면 됩니다.
하다 보니 아주 로맨틱해졌습니다.

기왕 하는 김에 좀 더 해 볼까요?
레이스를 붙인 컵에
튤립과 라눙쿨루스를 꽂아 봅니다.
화사하니 아주 예쁘네요.

설레는 마음으로 조용히 기도 책을 펼쳐봅니다.
햇살을 선물하신 주님, 저랑 데이트하실래요?

1 컵 겉면에 레이스 조각을 양면 테이프로 살짝 고정하면 멋진 컵 장식이 돼요.

2 램프 커버는 레이스를 두른 후 테두리를 바느질하면 돼요.

3 밋밋한 쿠션에 레이스 깔개를 덮고, 크기에 따라 4~8군데 정도 실로 떠 주면 멋진 쿠션 완성! 사진 아래의 그릇에는 말린 귤, 오렌지 등의 과일이 담겨 있어요. 말린 과일은 그 자체가 훌륭한 인테리어 소품이 됩니다. 꽃 같은 경우에도 마찬가지이죠. 이렇게 꽃을 말려 두는 것이 바로 포푸리입니다.

모으고,
다시 주기

저는 모아 두는 걸 좋아합니다.

첫 미팅에 걸고 나갔던 귀걸이 한 짝,

아이들 호기심에 희생당해 망가진 시계 부속들,

막내가 고사리 손으로 주워 내게 선물한 조개껍질, 썩은 나뭇조각,

세 아이들이 수학여행 때마다 선물로 사다준 기념품들······.

그런 걸 왜 모으냐고 타박도 많이 받았습니다만,

나를 향해 담긴 사랑이 너무 귀하고 고마워 간직하고 있습니다.

이제는 내가 받은 사랑을 내가 사랑하는 누군가에게 전해줍니다.

동네 이웃집에 마실갈 때

과자 구울 때 쓰는 기름종이를 ㄷ자로 박아

과자와 초콜릿 몇 개를 넣고 인조 꽃을 조금 붙여 포장해 봅니다.

곧 결혼할 신랑신부에게 선물할 성경책은

희고 얇은 종이로 포장한 후 하얀색 리본을 묶었습니다.

그 위에 파란색 인조 꽃과 하얀색의 작고 귀여운

새 모양의 오너먼트를 올려 글루건으로 고정.

성령님과 함께 늘 평안했으면 하는 저의 바람을 담아 봅니다.

이렇게 하니 제법 근사해 보이네요.

눈에 보이는 사물보다 안에 담은 마음을 보이게 하는 것,

그래서 포장을 하는 것 같습니다.

아주 작은 행복의 나눔.
제가 할 수 있는 겨자씨 나눔입니다.

망가진 핀이나 브러치
로 장식해 보았어요.
밋밋해 보일 수 있는
사각 박스가 제법 우아
해졌네요.

주운 나뭇조각이나 망
가진 꽃 핀은 훌륭한
포장 장식이 됩니다.
버리면 안되겠죠?

신랑신부에게 선물할
성경책입니다.

베이킹용 기름종이를
ㄷ자로 박아 과자와 초
콜릿 몇 개를 넣고 인
조 꽃을 조금 붙여 마
무리.

인조 꽃은 인테리어 장
식에 이용해도 좋고 선
물 포장에 이용해도 좋
습니다.

노란 봉투에 내용물을
넣고 리본으로 묶은 후
인조 꽃으로 장식해 보
았어요.

손글씨로 전하는 마음,
편 지　쓰 기

컴패션 아이들한테 편지를 받았습니다.

바쁘다는 핑계로 차일피일 미루고 있던 답장.

이젠 제법 쌓여 있네요.

아이들은 정성껏 그림도 그려서 보내 주었는데…….

자, 답장을 써야겠습니다!

예쁜 편지지가 아니어도

말린 꽃잎 하나 붙여서 길지 않은 안부라도 전해야겠습니다.

분류 태그에 작은 그림 하나 그려 미안한 마음도 보내야겠습니다.

답장 없는 편지는 참 슬플 것 같습니다.

사랑하는 이로부터 답장이 없다면!

와, 빨리 써야겠습니다.

사각사각 편지를 쓰다 보니 오히려 제가 더 기뻐집니다.

생각난 김에 부엌 한쪽에 편지함 하나를 만들어 봅니다.

엽서와 봉투를 함께 넣어 두니 참 좋네요.

이렇게 쓰려고 모아 두었나 싶습니다.

모든 것에는 역시 때가 있는 것 같습니다.

그때그때 생각나는 고마운 분들에게 편지를 써야겠습니다.

연필을 깎아서,

혹은 잉크를 찍어서,

뭐, 붓도 새롭습니다.

받을 사람 이미지에 맞춰 그렇게 신나게 소식을 전해야겠습니다.

허락하신 제 일상에서

만남의 기쁨을 찾아보라는 그분의 음성에

가만히 미소 지으며

미루지 않는, 그래서 후회가 적은 남은 삶을 살고 싶습니다.

젊은 아티스트들이 보면 얼마나 좋은 생각들이 모일까?
각자 조금씩 시간을 내서
누구는 모으고,
누구는 분류하고,
누구는 인터넷으로,
또 누군가는 반짝이는 아이디어로,
예쁘게 찍어서
그냥 버리지 말고 그리 비싸지 않게 팔아서
또 다른 꿈을 가진 이들과 나눌 수 있다면,
각자 받은 달란트로 서로 기쁨을 나누며 행복을 찾을 수 있다면……
저는 집하장에서 선한 행복을 나누는 꿈을 꾸어 봅니다.

촬영 후,
이웃들과 와인 박스며 병들을 나누면서 전 행복한 여름 산타가 되었답니다.
"오~호호호" 산타의 웃음소리까지 흉내 내며 말입니다.

와인 박스 안에 온갖 잡동사니를
모아 두었어요.

예쁜 빈 병을 모아 꽃 장식을
하니 보기에도 좋네요.

좋아하는 CD를 와인
박스에 넣어 그때그때
기분에 따라 꺼내 듣곤
합니다.

STORY
9

이유 있는 변신,
유 리 병   재 활 용 기

요령이 없어 그런지 간단한 요리 하나라도 할 때마다

크기와 모양이 저마다인 양념병들이 줄줄이 늘어져 있으면

참 정신없어요. 그래서 양념병들을 모두 꺼내 정리해 보았지요.

푸딩 병은 모양도 예쁘고 삶아 쓸 수 있어 모아 뒀는데 요긴하게 쓰이네요.

일반 양념병에는 나중에 떼기도 쉽게 투명 테이프를 붙여

네임펜으로 내용물을 적었고

간장이나 기름병에는 천으로 만든 반창고를 붙여 내용물을 적었어요.

와!

깔끔하게 변했네요.

주방에서의 시간을 더 즐길 수 있을 것 같습니다.

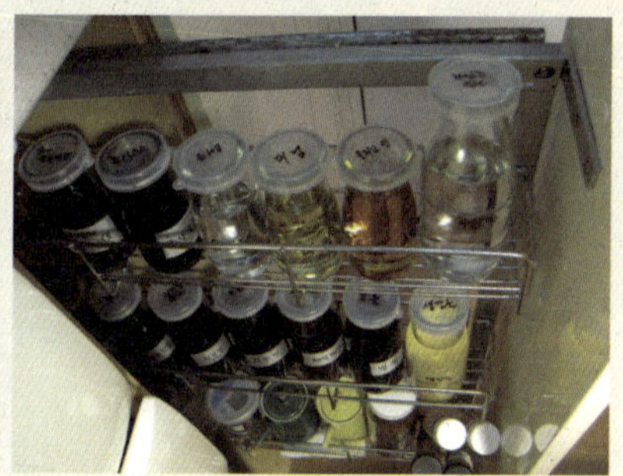

푸딩 병 안에 각종 소스를 넣어 두었어요. 뚜껑과 병에 투명 테이프 혹은 천 반창고를 붙여 네임펜으로 내용물을 적어 두면 쓰기도 편하고 나중에 떼기도 편하답니다.

내용물을 적은 네임 태그를 실로 묶어 병에 걸어 두니 또 색다른 느낌이네요.

STORY
10

푸릇푸릇 푸름이 가득한,
나의 텃밭 이야기

추운 겨울 웅크렸던 온갖 생명들이 올라오는 봄입니다.

일 년 중 가장 바쁜 계절이죠.

심은 적 없는 잡초들이 일껏 가꾸어 놓은 저의 정원을

헤집고, 망치고

심지어 죽이기까지 하거든요.

잡초를 뽑으며, 제 마음의 억센 가시풀들도 뽑아 봅니다.

오늘도, 내일도.

잡초란 녀석은 한 번에 없앨 수 없거든요.

마치 못된 습관처럼 말입니다.

좋은 걸 지킨다는 건 땀과 노력이 필요한 것 같습니다.

일단, 퇴비를 잘 섞어 땅을 보슬보슬하게 해놓고

2~3일 지난 후 도구들을 들고 나갑니다.

이때 가장 중요한 것은 봄볕으로부터 피부를 보호하는 것입니다.

텃밭을 가꾼다고 피부를 포기할 순 없지요.

옛말에 밭 매러 갈 때 봄볕엔 며느리, 가을볕엔 딸을 보낸다고도 하죠.

가을보다 봄이 자외선 지수가 높기 때문입니다.

그러나 저는 봄, 여름, 가을, 겨울, 모든 계절을 다 제가 합니다.

이 좋은 걸 왜 남을 줍니까?

선크림을 꼼꼼히 바르고 넓은 챙 모자를 쓰고,
핸드 크림 듬뿍 바르고 장갑을 끼면 1차 준비가 끝납니다.
그리고 보드랍게 물을 줄 수 있는 샤워기 같은 호스 마개,
장화, 호미, 가위, 지지대에 묶어줄 노끈까지 준비하면 일단 준비 끝!
꼭 노끈을 사용하는 것은 비닐끈을 채소들이 싫어하기 때문이죠.

모종은 떡잎이 좋고 대가 튼실한 것들로 구입하는데,
이런 모종은 한창 팔리는 시즌 끝 무렵에 가면 훨씬 싸게 살 수 있어요.
욕심은 금물! 종류별로 서너 개씩만 사되,
많이 먹는 상추나 고추 등은 넉넉하게 여덟 개에서 열 개까지 준비했어요.
이웃에서 준 옥수수도 열 대 정도 심고
호박은 넝쿨이 잘 자라니 두 곳에 심었고요.
오이는 다섯 대 천 원이라 그만큼만 사왔어요.
거기에 가지, 방울 토마토, 이태리 토마토, 깻잎 서너 대,
파프리카도 색색이 서너 개씩 심었어요.
고추와 생김새가 비슷해 팻말을 꽂았지요.
심다 보니 하루가 저물었네요. 휴…….

졸졸 따라다니던 노을이가 그만 잠이 들었네요.
낮에는 밖에 있는 노을이가, 밤에는 안에 있는 보리가 곁을 지켜줍니다만
전 이 모든 선물을 종합세트로 주시는 주님이 젤 좋답니다.

씨가 떨어져 다시 올라오는 시소(일본 깻잎)들,
뿌리에서부터 올라오는 방아들.
방아잎은 된장찌개에 송송 썰어 넣으면, 정말 향긋합니다.
우리집 된장 도둑(?)이지요.
덕택에 이번 정월 된장은 콩을 너말이나 쒀 메주를 띄워야 했죠.
뿌리지도 않았는데 어느새 퍼져 있는 돌나물들.
비 한 번 내리고 나면 통통한 돌나물이 파랗게 퍼진답니다.
앞으로 바빠질 저의 손길을 기대하겠죠?
노란 꽃이 피기 전에 자주 따먹어야지요.

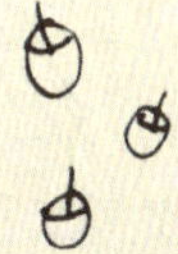

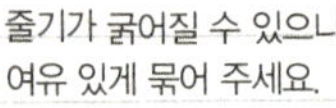

줄기가 굵어질 수 있으니
여유 있게 묶어 주세요.

· 상자 속 식물들은 되도록이면 비슷한 양의 물을 줄 수
  있는 것으로 함께 심는 것이 좋습니다.
· 옆으로 퍼지는 허브는 햇빛의 양을 생각해서 조금 넓게
  간격을 두는 것이 좋습니다.
· 흙은 모종 파는 곳의 전용 흙으로 하세요. 영양도 충분
  하고 소독한 것들이라 나쁜 벌레도 없거든요.

지지대는 가지치기를 한 것 중
에길고 곧은 것을 골라 옆에 꽂
아 두면 됩니다.

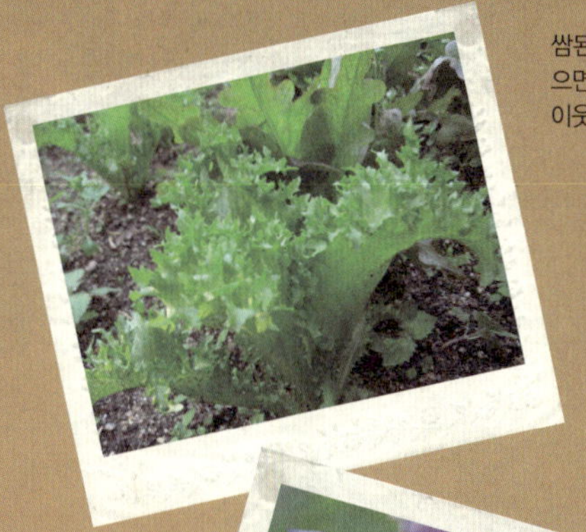

쌈된장과 밥을 상추에 싸 먹으면 참 맛있겠죠? 다 자라면 이웃과 나눠 먹어야 겠어요.

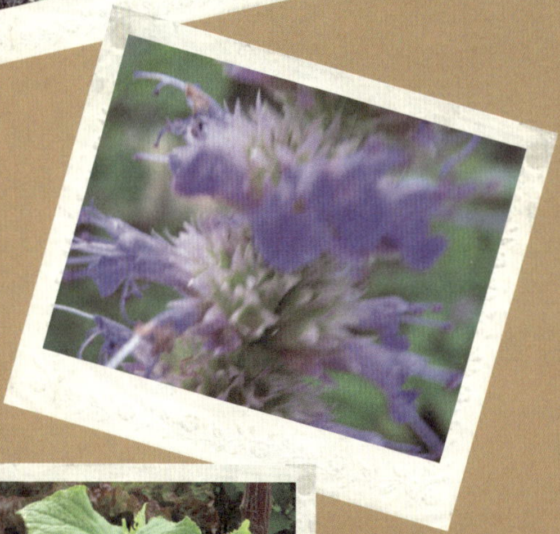

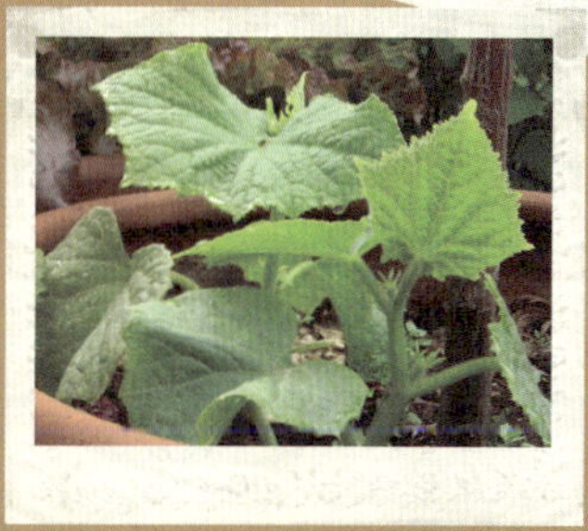

오이를 심었어요. 여름이 되면 오이가 대롱대롱 달려 있겠죠. 생각만으로 마음이 시원해집니다.

어린 채소들의 파수꾼, 노을이. 텃밭에서 일을 할 때면 옆에서 지켜주는 저의 텃밭 친구입니다.

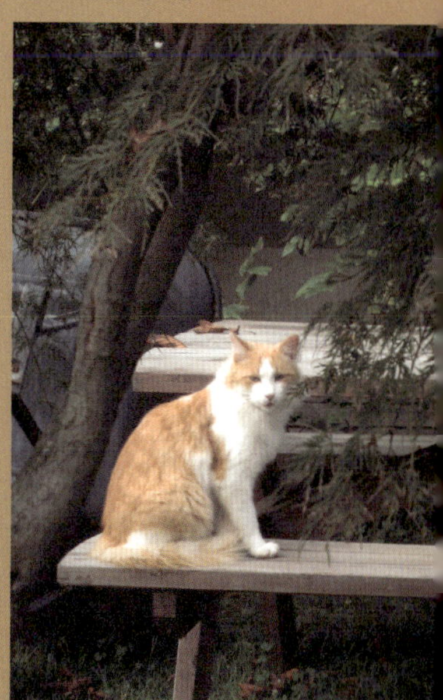

비 온 뒤 초록 잔치

며칠 동안 비가 내렸어요.

해 나자

그 따스함이 그리워 맨발로 나갔더니

마당엔 온통 초록입니다.

왈칵,

콧등이 시려옵니다.

그토록 그리워했던 초록이 이층 창가까지 올라와 속삭입니다.

평안하냐고.

그저,

내 안에서 조금 바빠 미처 느끼지 못했었는데

주님의 사랑은 이렇게 바라보고 계셨습니다.

다가올 뜨거운 여름을 준비하라는 그분의 배려입니다.

Kamille

집 입구 담벼락에도 마당의 작은 숲에도 어느새 초록이 들어왔네요.

정원 한 쪽으로 피어난 하얀색 꽃은 우아한 아름다움을 자아내고 마로니에 나무 위로는 청초한 구름이 시원한 바람을 부릅니다.

보라색 무스카리, 진분홍색 소국, 연분홍색 국화. 어여쁜 꽃들 덕에 저의 정원이 화사해졌습니다.

진분홍색의 목단이 햇살 드는 창
가를 화려하게 장식해 줍니다.

초록은 이렇게 제 자리를 찾아 돌아왔습니다.

어지러운 알록달록한 세상에 맞서,
지난겨울의 날카로운 추위에 맞서,
발가벗기고 터진 그 상처들을 서로 보듬어 안아 주라는,
변치 않는 초록으로 서로를 감싸 안으라는
그분의 말씀에,
그분의 사랑에,

초록은 이렇게 제 자리를 찾아 돌아왔습니다.
그것은 …… 축복입니다.

오월이 가기 전,
주님의 가득한 사랑을 느낍니다.
감사합니다.

매실이 아삭아삭 작은 열매를 맺었습니다.
몇 개 따서 그릇에 담아 봅니다.

이른 봄, 발레리나처럼 온갖 색으로 춤추는 창가의 라눙쿨루스.

오월의 요정, 꽃

온통 초록 여름이 오기 전,

한창 물이 오른 꽃들의 얼굴을 들여다 봅니다.

독특한 색과 더 진한 향기를 위해 한겨울

모진 추위를 흙 한줌 덮은 채 견뎌준 히아신스,

그래서인지 더 애착이 가네요.

수줍은 소녀의 첫사랑 같은 산수국과 구근으로, 씨앗으로, 구석진 그늘에서도 겨우내 무뎌진 감성을 깨워주었던 무스카리.

수줍은 소녀의 첫사랑 같은 산수국.

구근으로, 씨앗으로, 구석진 그늘에서도

겨우내 무뎌진 감성을 깨워주었던 무스카리.

조롱조롱 예쁜 소리를 들려줄 것 같은 금낭화

썰렁했던 담장을 풍성하게 보듬어주던 이팝나무

듬직한 아름다움을 뽐내던 목단.

못 생긴 모과를 사랑하는 모과꽃이

모과 향기 맡을 때마다 잊지 말아 달라 부탁하네요.

이른 봄, 발레리나처럼 온갖 색으로 춤추던 창가의 라눙쿨루스.

잘 정렬하고 있다가 동시에

활짝 웃으며 벌들과 축제의 노래를 들려주느 철쭉들

벌들과 축제의 노래를 들려주는 철쭉들(우), 못 생긴 모과를 사랑하는 모과꽃은 모과 향기 맡을 때마다 잊지 말아 달라 부탁하네요.

한바탕 봄바람을 헤집고
얄밉도록 우아하게 피어
난 겹벚 아가씨들.

왕벚이랑 산벚이랑 한바탕 봄바람을 헤집고 나면 얄밉도록 우아하게 피어나

채 추스르지 못한 마음 또 다시 울렁이게 하는 겹벚 아가씨들.

순백으로 다가올 여름을 준비시키는 꽃사과.

숨 멎을 것 같은 향기로 유혹하는 라일락.

질세라, 섬세한 잎을 터트리며 사랑을 이야기하는 분홍 장미들.

중후한 컬러와 샤프한 에지를 뽐내던 매발톱.

홀씨 되어 이내 곁을 떠나버릴 민들레.

전 아직 아쉬운데, 이 아이들은 제게 속삭입니다.

이제 곧 떠나야 한다고,

그렇지만 꼭 기억해 달라고.

불어오는 남풍과 푸르러지는 녹음을 바라보며 제 자리를 선뜻 내어주는 건,

두근거리게 하고 설레게 하던 사랑이

불같이 뜨거운 열정으로 다가가기 위해 기꺼이 치장을 벗어버리는 것이라고.

오늘은 아가서를 묵상하고 싶은 날입니다.

상큼하게 꽃망울을 터뜨리는 홑작약.

듬직한 아름다움을 뽐내는 목단과 모진 추위를 흙 한 줌 덮은 채 견뎌 준 히아신스, 그리고 조금 후면 홀씨 되어 이내 곁을 떠나버릴 민들레.

달콤한 딸기향이 가득,
딸 기 잼 만 들 기

그 흰 꽃이 너무나 사랑스러워,

몇 개 얻어다 벚나무 밑에 심은 딸기가 이렇게나 잘 자랐답니다.

게다가 따고 나면 또 열리고 또 열리고.

그 향은 또 얼마나 진하든지!

하우스 딸기와는 비교할 수가 없답니다.

따도따도 계속 열리는 딸기를 모아 잼을 만들기로 했습니다.

딸기를 깨끗하게 씻어 냄비에 담아요.

딸기를 끓여 수분을 없애 줍니다. 거품이 생기면 걷어 내세요.

딸기의 양이 1/3 정도로 줄어들면 설탕을 넣고 졸여요. 이때 딸기가 냄비 바닥에 눌러 붙지 않게 주걱으로 바닥까지 잘 저어 줍니다.

도깨비 방망이나 으깸용 주걱으로 딸기를 고루고루 으깹니다.

물을 떨어뜨렸을 때 퍼지지 않거나 주걱으로 흘렸을 때 덩어리째 뚝뚝 떨어지면 완성!

황설탕을 조금 넣고 보글보글 끓이자
온 집안이 달콤한 딸기 향으로 가득 찹니다.
말 그대로 스위트 홈입니다.
내일 아침은 무조건 토스트입니다.

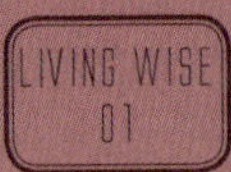

똑똑한 냉장고 정리법

남자아이 셋을 감당한 우리집 오래된 냉장고를 이제 살살 다뤄주어야 할 때인 것 같습니다.
그래도 20년이 넘게 한 저의 오랜 지기인데…….
요즘은 과부하가 걸리지 않도록 내용물을 2/3 이상 넣지 않고 있습니다.
식재료는 되도록 먹을 만큼만 사서 그때그때 깔끔히 먹자는 생각인데도
뭐 그리 이것저것 많은지…….

냉장고 공간 대비 1/2~1/3 정도의 식재료를 넣어 두면 그대로 문을 열고 한눈에 뭐가 있는지 파악하는 데 도움이 됩니다. 따로 냉장고용 보관용기를 사 놓지 않아도 그때그때 정리하기도 쉽고요.
바닥에 종이 타월을 깔아 놓으면 국물이 새거나 조금 지저분해져도 그것만 갈아 주면 되니 청소도 쉽지요.

냉동고는 비교적 빼곡히 놓는 편인데 온도가 내려가지 않도록 겹쳐서 정리합니다. 보기도 좋고 쓰기도 쉽고, 미숫가루, 콩가루, 고춧가루 등은 메모지에 내용을 적어 뚜껑 위에 올려놓고 쓸 만큼씩 덜어 씁니다. 예전에는 라벨처럼 테이프를 붙여 놓았었는데 습기며 등등의 이유로 지저분해져서 그냥 이렇게 씁니다.

냉장·냉동의 서랍은 빳빳한 박스 종이를 이용해서 칸막이를 만듭니다. 내용물들을 세워서 보관하면 밑에 있어 안 보일 염려가 없어 좋아요. 특히 허브 잎사귀들은 깨끗이 씻어 물기를 뺀 후 지퍼백에 넣어 세로로 세워 놓으면 꺼내 쓸 때 상태가 그대로여서 좋습니다. 뭉쳐 놓으면 가루가 되기 십상이거든요. 견과류도 그렇고요.
큰 서랍에는 건멸치, 시래기, 청국장 등을 놓고 선반에는 얼린 생선, 고기 등 되도록 빨리 먹어야 하는 것들을 눈에 보이게 놓습니다.

* * *

포로수용소 안에서의 자유
물 한 컵의 귀한 교훈

벗에게 들은 이야기가 의지가 약한 저에게 많은 생각을 하게 합니다.
유태인 포로 수용소. 그곳에 무슨 자유 의지가 있었을까?
당시, 그들은 생존을 위한 최소량으로 물 한 컵씩을 배급받았다 합니다.
이 한 컵을 받은 포로들 중 대부분의 사람들은
그야말로 생존을 위해 그 물을 모두 마셨다 합니다.
정말 소량이니까요.

그런데 일부의 사람들은
극소량의 물을 나누어 수용소를 나갈 때를 대비해서
얼굴을 깨끗하게 하는 데 썼다고 합니다.
기나긴 포로 생활이 끝나고 살아남은 그룹을 보니
당장의 목마름을 참고 물을 아껴 미래를 대비한 사람들이 많았다고 합니다.

살다보면 어쩔 수 없는 상황이란 현실에 눌려서
자유 의지까지 지레 포기하는 때가 많습니다.
스스로 속는 거지요.

어떤 상황 속에서도 자신의 꿈을, 의지를, 태도를 선택하는 것!
삶에 있어 중요한 건 상황이 아니라 사람인데,
많은 자유를 누리는 지금의 일상에서
나는 어떤 선택을 하며 살고 있는지 생각해 봅니다.
주님의 특별한 사랑을 받는 사람답게 살고 있는지 깊이 돌아봅니다.

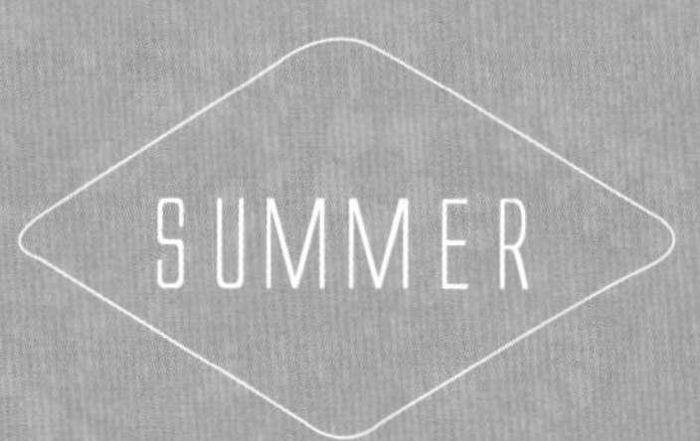
SUMMER

작고 낡은 보물 상자,
아 기 소 품 보 관 함

철 지난 옷가지들을 정리하는 계절이 왔네요.
매번 이맘때면 아이들의 작아진 옷을 정리하며 열어 보는
저만의 보물 상자가 있습니다.

우리 아이들.

미숙한 저에게 맡겨 주신 귀한 아이들.

실수투성이 깍쟁이 엄마인데도 영롱한 눈빛으로 찬란한 미소를 지으며

나라는 존재를 절대적으로 믿고 의지하던 품안의 아이들.

지금은 아빠만큼 훌쩍 자라 언제 그런 시절이 있었나,

기억 못할 정도로 장성한 아이들이

아기 때 쓰던 용품들을 모아 놓은 상자입니다.

아직 볼록한 발바닥이 행여 상할까

양말이며 신발까지 챙겨 신기던 엄마의 극성에도

예쁜 미소로 천상의 행복을 선물한 아이의 양말이며 신발을 봅니다.

졸려서 감기는 눈으로 칭얼대다

그 조그마한 손으로 만지던 인형과 수건,

세례를 받을 때 입혔던 하얀 세례복과 모자.

조심조심 씻기고 난 후 입혔던 손바닥보다 조금 큰 옷가지들.

보물 상자를 열고 보니

녀석들의 옹알이 소리며 웃음소리,

심지어 응가할 때 발그레하던 눈망울까지 그려집니다.

어느새 저의 입가엔 행복한 미소가,

가슴엔 사랑이 두근거립니다.

이 순간만큼은 바보가 되어 버립니다.

녀석들이 말썽 피우고 맘 쓰리게 했던 기억은 잘 나지 않습니다.

그저 고맙고

안쓰럽고

그럴 뿐입니다.

문득,

하나님 사랑이 이와 비슷할 것 같다는 생각이 듭니다.

턱없이 부족하고 연약한

저를 향한 사랑이 이러실 것 같습니다.

작고 낡은 상자,

그 안에 담긴 보물은 사랑입니다.

추억이
방울방울

막내 녀석이 한 번도 뵙지 못한

돌아가신 외할아버지에 대해 물어 보네요.

친정아버지가 쓰시던 물건 중 시집을 때 가져온

타자기, 망원경, 카메라 등을 꺼내 놓으며 이야기를 하다

그 김에 그냥 집 한쪽을 장식해 봅니다.

제일 좋아하는 동쪽 창가에는 어머니가 쓰시던 낡은 재봉틀을

놓았습니다. 이 재봉틀로 어머니는 저에게 막내 이모 결혼식에 입을

들러리 드레스를 만들어 주셨죠.

재봉틀에 좀 더 멋을 더하고 싶어 수실과 단추 모은 것을 놓아 봅니다.

비어 있던 현관 옆에는 남편이 만들어 준 테이블을 놓고

우리 집 4대에 걸친 가족 사진들을 나란히 올려놓았습니다.

이렇게 하니 함께했던 추억의 순간들이

나와 아이들의 시간과 공간 속으로 들어왔습니다.

아름다운 시공간이 주는 특별한 축복을 누려 봅니다.

부모님 아니, 그 이전 태초부터 저를 향하신
그분의 아름다운 계획이 느껴집니다.
주님 손을 잡고 걸었던 시간과 따로 걸어온 시간,
그렇게 두 가지 시간이 있었다고 생각했는데
주님이 항상 곁에 계셨음을 느낍니다.

단추 등 작은 소품 정리법

헌 옷을 버릴 때면 저는 단추를 모두 떼 실로 꿰어 놓습니다. 그렇게 자주 사용하지도 않는데 말이죠.
아마 우리 할머니의 살뜰한 유전자 덕이 아닌가 싶습니다.
"쓸데가 있어. 그냥 두어도 곱잖니? 다 너희들 입혔던 건데……."
늘 일상에서 고운 추억을 지니고 주변의 모든 것을 살뜰함으로 챙기며 사셨던 우리 외할머니. 아마도
그래서 더 모으게 되는 것 같습니다.

새옷을 사면 따라오는 스
페어 단추들도 따로 병에
모아 놓습니다. 여행지 숙
소에서 가져온 여행용 반
짇고리들과 같이. 이런 것
들은 급할 때 쓰기 딱 좋습
니다.

한 짝을 잃어 버린 귀걸이, 팔찌, 머리 핀 등 망가진 장식품에서 쓸 만한 부속들을 따로 모아 두면 집
안을 꾸밀 때, 포장을 할 때 아주 요긴하게 사용할 수 있답니다.

햇볕에 보송보송,
빨래가 있는 풍경

휴일을 맞이하여 한가롭게 원단 시장에 구경을 갔습니다.
이곳에 오면 직업이 직업인지라 늘 신부들을 위한 소재만 보았는데
요즘에는 신부들이 신혼집 인테리어에
더없이 좋은 리넨이 부쩍 눈에 들어오네요.

안식년을 누리는 기쁨 중 하나는,
제 삶의 우선 순위를 찾아간다는 겁니다.
그동안 정신없이 달려오다 보니
저도 모르게 방향이 틀어져 있는 것들이 참 많습니다.
특히, 순수한 아름다움을 창조하는
'웨딩 크리에이티브 디렉터' 란 직함이
순수성을 잃어버린 채
세상의 직업으로 퇴색된 듯한 모습을
종종 발견하곤 합니다.
반성합니다.
그리고 속도보다는 방향이 중요하다는 것을
다시금 마음속에 새겨봅니다.

최근 몇 년 사이 우리나라도 원단 디자인이 무척 다양해져
해외에도 많이 수출하는 모양입니다.
가격도 괜찮은 편입니다.
그중 몇 가지를 골라 집에 왔습니다.
커팅지는 잘라서 주방 타월로 쓰고, 깔개로도 쓰고.
스트라이프 무늬는 식탁보로, 이불 커버로 만들어 봅니다.
아이들 시트며 베개 커버도 만들어야겠습니다.
바느질이 끝난 것들을 깨끗이 빨아 마당에 널고는
그 풍경에 취해 한참을 앉아 있었습니다.
제가 사랑하는 사람들과 함께하고픈 시간입니다.
레몬 한 조각 띄운 얼음 냉수 한 잔을 나누며
여자로 사는 기쁨을 나누고 싶습니다.
아내로서, 엄마로서
집안에서 할 수 있는 감사와 식구들을 위한 중보 기도가
이렇게 즐겁고 소중하다는 걸 잠시 잊고 있었습니다.

결혼이 예식으로만 끝나는 것이 아닌,
풍성한 기쁨과 가족이 함께하는 것이라는
지극히 본질적인 사색에 잠겨 봅니다.

향기로운 여름 소품,
정향 주머니

씩씩한 네 명의 남자들과 산다는 건

한마디로 설명할 수 없는 무언가가 있습니다.

슬슬 더워지는 계절이 되면

아이들 방 곳곳에 정향 주머니를 만들어 걸어 두지요.

꿉꿉한 냄새도 제거하고 머리도 맑아진다고 해서 여기저기에 놓아 둔답니다.

정향 주머니 만드는 법은 의외로 간단합니다.

다니던 한의원에서 만들어준 것을 보고 손바느질로 해서 뚝딱 만들어 보았어요. 채 한 시간도 안 걸리더라고요.

일단 정향은 약재 코너에 가면 쉽고 싸게 구할 수 있습니다.

또 남은 정향은 조미료로도 사용할 수 있습니다.

이때 주머니로 사용할 천은 향이 잘 퍼질 수 있도록

갑사 같은 얇은 천이 좋습니다.

제일 쉬운 박음질로 후다닥 바느질해서 정향만 넣으면 끝!

내친김에 자투리 공단을 조금씩 잘라 보약 주머니를 만들어 봅니다.

색을 달리하니 누구 건지 알아보기도 쉽고, 가지고 나가기에도 편합니다.

제가 만들어 줬다고 은근 폼 좀 재겠지요?

진짜 별게 아닌데 만든 사람이나 쓰는 사람이나 참 기분 좋습니다.

갑사 천이 조금 남아 둘러보니 유리 램프가 눈에 들어옵니다.

갑사 천을 휙 둘러 핀으로 고정하니 그윽한 초롱불이 되었습니다.

한 시간도 안 되는 시간에 정향 주머니, 보약 주머니, 램프 커버를 완성했네요.

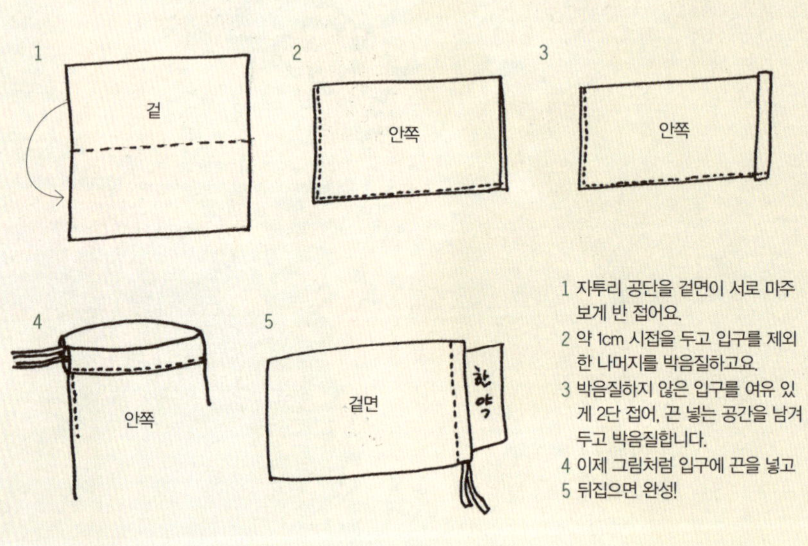

1 자투리 공단을 겉면이 서로 마주 보게 반 접어요.
2 약 1cm 시접을 두고 입구를 제외한 나머지를 박음질하고요.
3 박음질하지 않은 입구를 여유 있게 2단 접어, 끈 넣는 공간을 남겨 두고 박음질합니다.
4 이제 그림처럼 입구에 끈을 넣고
5 뒤집으면 완성!

램프 커버는 램프 유리에 갑사를 둘러서 핀으로 고정시켜 만들었어요.

갤러리가 따로 있나요,
프레임 벽장식

달력이나 사진 모음집, 또는 엽서 등 예쁘다고 하나둘씩 모아 놓고서는
한쪽 구석에 너무나 잘 보관해 오히려 못 보는 경우가 참 많습니다.
이럴 땐 비어 있는 벽에 이미지 지도 스타일로 붙여 보면 좋습니다.
벽이란 게 꼭 어떻게 해야 한다는 법은 없으니까요.

지난 달력에서 버리기 아까
운 예쁜 그림들을 오려내 집
안 곳곳에 붙여 둔답니다.

전시회와 박물관에서 구입한 사진집을 한 장 한 장 떼어 일렬로 붙이면
한동안 거실을 갤러리처럼 즐길 수 있습니다.

연필로 또박또박 쓴 막내의 편
지, 가족 사진, 피크닉을 즐기
던 어느 오후의 사진, 컴패션
을 통해 후원하는 아이의 편
지, 아이의 손을 찍은 사진 등
이 모두가 값나가는 액자보다
더 멋지게 벽을 꾸며 줍니다.

값나가는 액자나 유명 작가의 작품은 아니지만

아이들이 써준 편지나 그림,

남편이 보내준 엽서,

내가 좋아하는 그림엽서며 아이들 사진을 투명 테이프를 뒤집어 말아 붙여 두면

자국 없이 떼기도 좋고, 위치도 수시로 바꿀 수 있답니다.

제 경험에는 양면 테이프보다 투명 테이프를 뒤집어 말아 쓰는 것이

뗄 때 훨씬 쉽더군요.

때로는 폼 나게,
액 세 서 리 걸 이

가지런히 박스에 정리해 뒀던 목걸이들을
쓰던 가봉용 바디에 걸어 놓았습니다. 귀걸이는 진주 시침핀에 걸었지요.
잡지나 매장에서 가봉용 바디를 인테리어 데코로 사용하는 것에서
아이디어를 얻었는데, 아주 훌륭합니다.
인테리어 데코뿐 아니라 실제 액세서리를 사용하기에도
박스에 넣어 놓았을 때보다 편리합니다.
한눈에 모든 액세서리를 볼 수 있으니
선택하는 고민의 시간이 훨씬 짧아지거든요.
가끔씩 걸어 두기만 하는 옷을 꺼내 바디에 스타일링해 보는 것도
색다른 즐거움을 줍니다.

내 마음속의 보석들도 꺼내 걸어야겠습니다.
긍정의 말들, 칭찬과 격려, 내 안의 많은 미소와 기쁨들,
더 자주자주 즐겨야겠습니다.

제게 주신 많은 선물 포장을 뜯어
그때그때 삶에 맞춰 말씀에 따라 곳곳에 놓아야겠어요.
가끔씩 묵혀 두었던 부끄럽고 싫은 기억들이 보이면,
그것에 담긴 숨은 의미 찾기도 할 수 있지 않을까 싶네요.

작은 시골 마을이 들썩들썩,
결혼 파티 준비기

십 년 전 어느 여름 날, 시골 마을 안골에 웨딩드레스를 짓는
서울 깍쟁이가 이사를 왔습니다.
예쁜 집을 짓고 꿈에 그리던 정원도 가꾸며
자주 놀러오는 서울 친구들과, 비슷한 시기에 같이 내려와 집을 지은 이웃들과
나름 티 파티며 바비큐 파티를 나누며, 즐겁게 어울리며 살았답니다.

마을에는 오랫동안 농사를 지으며 땅을 지켜온 중년 부부도 있었습니다.

울타리 없는 그들 마당에는 언제나 일일이 이름을 다 부를 수 없을 만큼의

꽃들과 약초, 과일 나무, 가지런한 줄을 따라 올라오는 채소들이 있었고

마당 한쪽에는 병아리와 멍멍이들이 평화롭게 살고 있었습니다.

온통 초록 세상이던 어느 날,

깍쟁이가 서울에서 온 손님들을 배웅하고 돌아서는데

야채를 가득 담은 바구니를 들고 그 집 아주머니가 불러 세웠습니다.

"차 한 잔 주실래요?"

그리고 그 아주머니는 한참을 돌려 어렵게, 어렵게 말씀을 꺼내셨습니다.

"손주들에게 보여 줄 혼인 사진 한 장 남기고 싶어요……."

갑자기 깍쟁이는 바빠지기 시작했어요.

집에서 그분들의 혼인식을 준비하기로 한 것이죠.

104

집안 구석구석 청소도 하고, 다른 이웃에게 사진을 부탁하고,
교회 친구에겐 꽃다발을 주문하고, 예쁜 드레스를 가봉할 때
함께 가는 일 등을 부탁했지요.
며칠 후, 깍쟁이의 집은 더욱 분주해졌습니다.
정원에 있는 작은 데크 위에 집안의 모든 의자를 내놓고, 축복 송을 준비하고,
왼쪽엔 라벤더, 오른쪽엔 로즈메리로 나름 목사님 단상도 꾸며 놓았습니다.
드디어 목사님과 하객 6명이 함께하는 아름다운 혼인 예배가 시작되었습니다.

두 분은 그렇게 아름답게 서약을 했습니다.
깍쟁이는 진짜 잔치를 보았습니다.
아주아주 감동적인 잔치를
주님과 함께,
이웃과 함께 말입니다.

집에서 즐겨도 되는
한방 스파

자주 찾는 한의원 선생님께 배운 간단하고 폼 나는 비법!

먼저, 약재를 넣을 거즈는 동대문 시장에서 아주 저렴하게 구입합니다.

약국에서 구입하셔도 되고, 거즈 수건을 이용해도 좋습니다.

약재는 약재 시장, 인터넷, 마트 등에서 구입합니다.

한방 스파에는 박하, 쑥, 천궁, 진피, 당귀 등이 좋습니다.

거즈를 삶아 빤 후 햇볕에 잘 말리세요. 거즈 한가운데에 약재를 넣고
오무린 후 끈으로 묶으면 끝.

박하나 쑥은 따뜻한 물을 받을 때 같이 넣어 자연스럽게
우려내는 것이 좋습니다.
박하는 덥거나 스트레스를 많이 받았을 때,
쑥은 손발이 차거나 소화가 잘 안 될 때 하면 효과적이지요.
박하나 쑥을 먼저 욕조에 넣고, 따뜻한 물을 받습니다.
이렇게 하면 약재를 자연스럽게 우려낼 수 있거든요.
호흡기와 피부에 좋은 창포, 질경, 원지는
1:1:1 비율로 넣고 끓인 후,
욕조에 풀어 쓰면 됩니다.
또 천궁, 진피, 당귀를 1:1:1 비율로 넣고
끓인 물은 몸이 찬 사람에게 좋다 합니다.
입욕을 귀찮아하는 남편과 아이들에겐
간단한 족욕이라도 권하면 좋겠지요.

입욕을 귀찮아 하는 남편이나 남자 아이들을 위해서 간단한 한방 족욕을 준비해 보세요. 족욕은 혈액 순환과 신진 대사를 촉진시켜 피로 회복과 스트레스 해소에 도움을 줍니다. 약재를 넣은 거즈를 40℃ 정도의 따뜻한 물에 넣고 대야에 우립니다. 10~30분 정도 발목까지 담가 발가락을 가볍게 움직이다 몸에 촉촉하게 땀이 배어나면 발의 물기를 잘 닦아낸 뒤 양말을 신으면 된답니다.

꽃 꽃 꽃,
로 맨 틱   썸 머

한껏 물오른 나무는 가지치기를 적당히 하면 더욱 잘 자랍니다.

바깥 나무에 서로 엉켜 볼품없던 가지들도 조금만 손질하면

아주 멋진 선들을 보여 주지요.

잘 다듬어 어울리는 곳에 놓고 온 식구가

좀 더 가까이 즐겨 주길 바라는 마음으로

매년 이맘때면 삐죽이 올라온 가지를 칩니다.

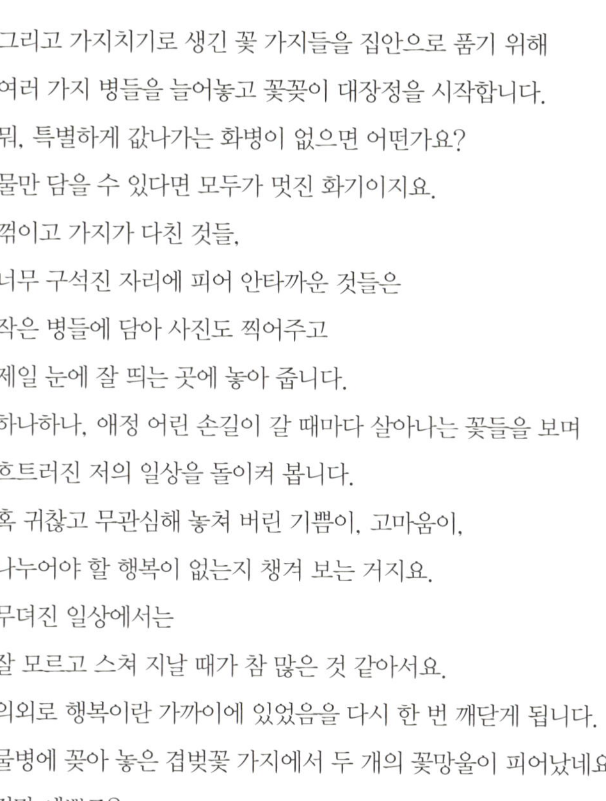

그리고 가지치기로 생긴 꽃 가지들을 집안으로 품기 위해

여러 가지 병들을 늘어놓고 꽃꽂이 대장정을 시작합니다.

뭐, 특별하게 값나가는 화병이 없으면 어떤가요?

물만 담을 수 있다면 모두가 멋진 화기이지요.

꺾이고 가지가 다친 것들,

너무 구석진 자리에 피어 안타까운 것들은

작은 병들에 담아 사진도 찍어주고

제일 눈에 잘 띄는 곳에 놓아 줍니다.

하나하나, 애정 어린 손길이 갈 때마다 살아나는 꽃들을 보며

흐트러진 저의 일상을 돌이켜 봅니다.

혹 귀찮고 무관심해 놓쳐 버린 기쁨이, 고마움이,

나누어야 할 행복이 없는지 챙겨 보는 거지요.

무뎌진 일상에서는

잘 모르고 스쳐 지날 때가 참 많은 것 같아서요.

의외로 행복이란 가까이에 있었음을 다시 한 번 깨닫게 됩니다.

물병에 꽂아 놓은 겹벚꽃 가지에서 두 개의 꽃망울이 피어났네요.

정말 예쁘죠?

오늘도 보물찾기 성공!

하늘, 바람, 그리고
유월愛

찬란하게 부서지는 햇살, 그 눈부신 매력이
고고하기 짝이 없는 장미를 눈뜨게 하고
주변을 온통 설레게 합니다.

유월의 하늘과 장미는 그렇게도 사랑하고 있나 봅니다.
그래서 그 향기만으로도 사랑에 취하게 하나 봅니다.
내내 볼품없이 삐죽한 줄기를 가시로 휘감아
꺾이지 않으려 그리 애썼던 이유,
이제야 알았습니다.

유월 하늘을 향한 애오라지 사랑입니다.
유월 하늘을 소망하니
바람이 향기가 되었습니다.
안뜰도, 이웃집 울타리도,
향기로 가득한 사랑입니다.
켜켜이 애틋한 사랑.
'유월愛'
이런 사랑 느낄 수 있는
이 계절은 축복입니다.

언제나 싱그럽게,
유 칼 립 투 스   리 스

따가운 햇살의 어느 여름날,

유난스레 꽃을 좋아하는 나를 위해 플로리스트인

오랜 친구 곽윤영 씨(Jane K 대표)가 몇 가지 재료를 가지고 놀러왔어요.

한여름, 꽃들이 금방 시들어 속상하단 푸념을 말없이 듣던 친구는

부족한 저에게 지혜를 나누어 주었습니다.

유칼리(유칼립투스)잎은 푸른 빛의 시원한 색이 오래가는 데다가

그냥 그대로 말려도 모양이 좋고,

향이 머리를 맑게 해줘 여름에 리스로 장식하기에 참 좋은 소재라고 합니다.

만드는 방법이 간단해서 더욱 좋고요.

플로리스트 친구가 가져온 재료를 꺼내 놓습니다.

싱싱한 유칼리 한 단, 적당한 크기의 링 모양 오아시스 한 개,

철사 조금, 꽃꽂이용 테이프 약간이군요.

이제 본격적으로 친구를 따라 유칼리 리스를 만들어 봅니다.

물을 적신 오아시스에 한쪽 방향으로

유칼리를 꽂은 후 줄기를 안쪽으로 꼬아 둥근 형태로 만듭니다.

철사를 반으로 휘어 만든 U자 핀으로 둥근 모양을 잡아줍니다.

오아시스에 꽃과 남은 가지를 꽂고, 리본을 묶어 장식하면 완성.

가운데 초를 놓아 테이블 장식으로 이용하면 참 좋겠습니다.

결혼기념일과 같은 특별한 날,

은은한 향기가 있는 유칼리 리스로

로맨틱한 테이블 세팅을 연출하면 어떨까요.

아스팔트 잔디의 **사 랑** 고 백

하늘이 뚫린 듯한 여름 장마에
마음마저 힘들어지고 있을 즈음……
무심결에 나간 현관 계단 앞에
선명한 하트 모양의 이끼가 피어 있습니다.
그 옆에는 깃털까지.
아무리 다른 곳의 이끼들을 살펴보아도 이런 모양은 없었습니다.

날이 갈수록 색과 모양이 선명해지고 커집니다.
사랑하는 가족들과 잠시 떨어져 지내는 때,
마치 혼자라서 힘겨울까 주님이 보내주신 사랑의 편지 같습니다.
나가고 들어올 때마다
주님이 우리 가족과 함께하셨던 그 시간들을 떠올리며
마음 깊은 곳으로 감사하게 받습니다. 그리고
그동안 보잘 것 없이 떠들썩하기만 했던 저의 예배를 돌아봅니다.

주님은 언제나
미처 돌아보지도 못한 저의 아픔,
리듬을 놓친 저의 버거운 호흡을
한결같은 사랑으로, 참으로 성실하게 지켜주십니다.

언젠가
가을이 오고 겨울이 오면 하트 모양은 없어지겠지만
제 작은 가슴속에 가득 새겨 놓으신 그 사랑의 이끼는
없어지지 않기를 소망합니다.
어떤 상황에서도 주님의 사랑을 느낄 수 있도록 말입니다.

깃털이 떨어진 자리에 초록빛 사랑이 피어났습니다.
허전한 마음을 사랑으로 가득 채워 주었습니다.

'사랑하는 나의 주님.
가장 높으신 주님이 제가 볼 수 있도록 가장 낮은 모습으로 오셔서,
턱없이 부족하고, 작은 어려움에도 겁먹고 두려워하는,
잠시만 홀로 두어도 한 눈 팔다 길 잃고 덤벙거리며 어려워하는,
가장 낮은 제가 가장 높은 주님을 사랑할 수 있게 해 주셨으니
저는 참 행복한 신부입니다.'

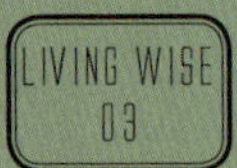

요리가 즐거워지는 주방 정리법

늘 쓰는 소금통과 기름병은 조리의 일등공신
인데도 쓰다 보면 마구 지저분해집니다. 그래
서 신경 좀 써 보았어요. 집에 있는 소품 중
잘 쓰지 않는 빈티지 스푼과 같이 조리대 위
에 놓았더니 사용할 때마다 기분이 좋습니다.

그릇 사이에 종이 타월을 깔면 오래 보관해도 깨지지 않아요.

지인이 갖고 온 대바구니 포장이 예뻐서 과일을 깨끗이 씻어 담아 냉장고에 보관하는 용기로 사용하기로 했습니다. 과일은 금방 꺼내 먹을 테니 랩을 씌워 넣어두었죠. 과일, 채소 등을 이렇게 보관하면 꺼내서 사용할 때 랩만 벗기면 되기 때문에 매우 편리하답니다.

조금 어려운 레시피는 가스레인지 옆에 파일로 만들어 두면 유용합니다.

AUTUMN

STORY 26

고물과 빈티지 사이

여행을 하며 가장 즐거운 일 중 하나는 현지 시장을 찾는 것입니다.

특히 오래된 것, 사용했던 것, 그래서 이야기가 있는 것이

가득한 벼룩시장이라면 더더욱 빼놓을 수 없지요.

LA를 여행할 때면 꼭 들르는 곳이 있습니다.

원래는 스포츠 경기장인 로즈볼에서 열리는 벼룩시장입니다.

친한 벗이 오면 꼭 데려가고 싶을 만큼 멋진 곳이랍니다.

매월 초순이면 로즈볼의 넓은 마당에

새벽부터 곳곳에서 모인 많은 사람들이

오래되고 정감 있는 추억들을 빼곡하게 늘어놓습니다.

곧 구경하는 사람들, 흥정하는 사람들, 구매하는 사람들,

판매하는 사람들로 넓은 마당이 가득 찹니다.

하나하나 질문하는 사람과 하나하나 설명하는 사람들.

그냥 두면 어디 구석에 처박혀 없어질,

진짜 보잘 것 없어 보이는 물건들이 보석처럼 빛나는 신기한 곳입니다.

홍수처럼 쏟아지는 트렌드와 신제품, '유행'이란 것에 은근히 밀리고 밀려
스스로의 개성을 깜빡거리기 쉬운 요즈음,
이곳에서 마음이 평안해지는 것은 '은혜 안의 감사'를 만나기 때문입니다.
하잘것없던 고물이 보는 이의 마음에 따라
이렇게도 귀한 빈티지 스토리로 감동을 줄 수 있는 것은
작은 것이라도 감사히 썼던 분들이 남긴 삶의 소중한 흔적 때문은 아닐까요.

이곳을 둘러보니 지나간 은혜들을 헤아려 보게 됩니다.
어느덧 제 마음엔 하나하나 그동안 받아온 은혜가 보석으로 차오릅니다.
처음 그를 만났던, 두근거림으로 찾아왔던 핑크빛 사랑이
마음속 아주 작은 저 구석에서 밝아옵니다.

 제 일상에 내려주신 은혜와 말씀들을 부지런히 감사로 닦고 윤을 내야겠습니다.

"제 잔이 넘치나이다."
오늘의 사랑 고백입니다.

깨지고 금 간 유리잔의 변신,
크리스털 캔들 장식

그릇장을 정리하다 보니,

결혼할 때 세트로 구입한 크리스털 잔들이 세월이 흐르면서 금도 가고,

살짝 깨져 잔으로는 더 이상 쓸 수 없게 되었습니다.

그래서 재활용을 해 보았습니다.

잔 안에 모래나 물을 조금 넣은 후 작은 초를 넣으니

크리스털 조각에 반사되는 빛이 참 좋습니다.

다른 크리스털 잔에는 마당의 꽃을 꺾어 창가에 두었습니다.

제법 그럴 듯합니다.

다시 태어난 꽃병과 촛대들이 어둠을 밝히고, 마음을 위로해 줍니다.

꽃과 초가 서로의 상처를 보듬으며

서로를 받쳐 주며 주변을 아름답게 품어 줍니다.

우리도 그렇게 살았으면 좋겠습니다.

오늘 아침,

아이에게 습관처럼 무심하게 상처를 준 나의 말들과

작은 상처를 크게 과장했던 나의 모습을 돌아봅니다.

나의 마음이 향기로 주위를 감싸는 꽃과, 빛으로 주위를 밝히는 초처럼

아이의 상처를 감싸고 치유하는 사랑으로 가득했으면 좋겠습니다.

내게 오는 자잘한 상처들도

하늘의 유머로 통쾌하게 웃게 되기를 소망해 봅니다.

깨지고 금 간 유리잔들도 아름답게 쓰일 수 있다면,
내 마음과 입술도 향기로 바뀔 수 있다는 비밀을 알았습니다.
주님이 기뻐하시는 일이니까 반드시 그리될 겁니다.

키치와 모던 사이

프레임 벽장식

여행을 하다보면 색다른 문화와 환경에

새로운 아이디어를 얻게 되는 경우가 참 많습니다.

특히 식당을 방문할 때면 주인의 취향에 따라 연출된

독특하고 멋진 인테리어를 구경할 수 있죠.

지난번 LA 여행 중에도 저에게 영감을 준 레스토랑이 있었습니다.

멋진 것으로 따지자면 다른 곳도 많았지만

이곳의 인테리어는 특히 우리 생활에 쉽게 응용할 수 있을 것 같아 반가웠어요.

식당 중앙에 놓여 있는 테이블은 옛날 문에 유리를 얹어 만든 것입니다. 유리 아래로 미국 추수감사절에 쓰일 법한 기물들이 보입니다. 이 식탁에서의 식사는 언제나 감사의 예배가 넘쳐날 것 같습니다.

이곳에 들어서면서 가장 눈에 띈 것은

심플한 붉은 벽돌 벽에 재미있게 배열해 놓은

갖가지 거울과 프레임만 있는 빈 액자들이었습니다.

마음으로 비어 있는 액자와 거울을 채워 보라는

주인의 유머가 아닐까 하는 생각이 들더군요.

그래서 생각해 보았습니다.

내 삶의 장면 중 어떤 걸 넣으면 좋을까.

비어 있는 액자 프레임 중에는

다가가 자세히 보니 작은 곤충이 들어 있는 것도 있었습니다.

무심코 지나칠 수 있는 작은 것이라도 프레임 안에서는

참 새롭게 보입니다.

자세히 보니 색이며 모양이 참 대단합니다.

새로운 발견이고, 즐거움입니다.

내 마음이 아름다움들으로 채워지면 좋겠습니다.
자극적이고 시끄러운 것이 아닌,
평안한 감사로 가득 채웠으면 좋겠습니다.

어둠 속에서 발견한 보석,
크리스털 문고리

얼마 전 여행 중에 손잡이를 여러 개 샀어요.
별 생각 없이 빈티지 진열대의 곱고 아기자기한 물건들을 감탄하며 보다가
한쪽 어두운 구석에 놓인 바구니에 눈길이 갔습니다.
바구니 안에는 가격이 꽤 저렴한, 때가 낀 손잡이들이 많이 들어 있었습니다.
잘되었다 싶어 열심히 골랐습니다.
짝이 맞고 좋은 것은 빈티지 진열대에 있지만, 가격이 많이 비쌌거든요.
다만 부속이며 다른 것과 짝을 맞추느라 시간이 좀 걸렸지요.

그중 몇 개를 골라 집에 갖고 왔습니다. 열심히 닦고 광을 내니
진열대에서 본 것들과 크게 다르지 않아 보였습니다.
관심을 갖고 깨끗이 단장해서 빛 아래 예쁜 소품들과 놓아 두면
그 가치가 올라가는 이치는 어디나 같은가 봅니다.

살다 보면 피하고 싶고, 버리고 싶은 부족함과
더러움이 제게도 참 많습니다.
저도 포기한 제 일부를 주님은 공들여 깨끗이 하시고 고쳐
빛 가운데 옮겨 놓으시곤 어여쁘다 하십니다.
생각할수록 깊고 깊은 사랑입니다.

리틀 홈 바자회

컴패션 아이들을 위해 특별 후원금을 나누고 싶어졌습니다.

하지만, 당장 쓸 수 있는 금액이 얼마 되지 않아 조금 망설였어요.

기도하고 친구들과 의견을 나누다 드디어 방법을 찾았습니다.

'여럿이 협력하여 선을 이루는 것'

삼청동에서 카페를 하고 있는 친구가 장소를 제공해

하루 바자회를 열었습니다.

멋진 청년 성찬 씨는 전 세계 각국의 민속 의상을 입은

앙증맞은 아이들을 그려 스티커로 만들었습니다.

은실이와 예지는 동대문 시장에서 천을 사다

스트라이프 티셔츠와 에이프런, 주방 타월 등을 만들고

거기에 맛있는 스콘과 에코백까지 만들었답니다.

발품을 팔아 각자의 달란트와 시간을 나눈 것이지요.

그리고 우리의 이런 소망을 잡지사에서 격려하기도 했습니다.

우리의 소박한 바자회를 세상에 널리 알릴 수 있게 취재를 하고,

잡지사에서 발간한 단행본도 협찬해 주었지요.

보잘 것 없이 생각했던 적은 돈이 풍성해졌습니다.

처음 혼자 준비하려 했던 것보다, 마음도 결실도 몇 배나 풍성한 수확을 거두어 갑니다.

143

에코백에는 컴패션 지원을 받는 한 아이의 편지 속에 그려 있던 꿈을 프린트했습니다.

은실이와 예지는 동대문 시장에서 천을 사다 스트라이프 티셔츠와 에이프런, 주방 타월 등을 만들고, 맛있는 스콘과 에코백까지 만들었답니다. 발품을 팔아 각자의 달란트와 시간을 나눈 것이지요.

멋진 청년 성찬 씨는 전 세계 각국의 민속의상을 입은 앙증맞은 아이들을 그려 스티커로 만들었습니다.

웃음소리와 햇살 가득한 아침,

우리는 방울방울 아이들의 미소를 보며 멋진 하루를 시작했습니다.

플로리스트 지현이의 예쁜 꽃들도 제자리에 앉았습니다.

착한 가격의 실용 아이템들이 주인을 기다립니다.

에코백에 프린트한 그림은

한 컴패션 아이의 편지 속에 그려 있던 아이의 꿈입니다.

그 아이의 꿈은 선생님,

한 이름 모를 어린아이의 꿈을 주님이 심으셨나 봅니다.

주님의 기쁨에 우리도 같이 있네요.

6시가 될 무렵

바자회는 끝났습니다.

처음 혼자 하려 했던 것보다

마음도 결실도 몇 배나 풍성한 수확을 거두어 갑니다.

풍성한 가을볕,
빨간 고추 말리기

고추 일곱 대. 올해 농사지은 고추랍니다.

많은 양은 아니지만 추위가 오기 전까지 주방 한 쪽에서

우리 집 온갖 요리에 들어갈 맛있는 양념이 될 청양고추예요.

우리 음식에 보탬이 될 고추가 고맙고 예뻐, 가을 바람에 정성껏 말렸습니다.

그런데 바깥에 내놓으려니 낙엽, 먼지에 날벌레까지 걱정되었습니다.

뭔가로 덮어 놓으면 좋을 텐데.

그때, 예전에 밥상 덮개로 쓰다 찢어져 치워둔 것이 생각났어요.

얼른 찾아 깨끗하게 씻어 말렸습니다. 그리고 수선을 시작했습니다.

저는 평소 동대문 시장에서 폭이 넓은 거즈 천을 조금씩 사다 놓는답니다. 행주도 만들어 팍팍 삶아가며 쓰고 가끔 장식할 때도 쓰고, 쓰임이 많거든요. 물론 가격도 좋고요.

우선 거즈 천으로 틀을 쌌어요.

한 겹은 너무 구멍이 숭숭 뚫려 보이네요.

한 번 더 거즈로 쌉니다. 두 겹으로 하니 이제 제법 태가 나네요.

중간 중간 틀에 거즈를 고정시키기 위해 빨간색 털실로 꿰맸습니다.

빨갛게 익은 고추의 붉은 빛과 어울리게 말이죠.

완성된 덮개를 보니 고추를 말리는 내내 즐거울 것 같습니다.

옆에서 보던 남편도 빙긋 웃고 가네요.

참 감사해요.

잎마름병 안 걸리고 잘 자라준 청양고추도,

잘 마르도록 눈이 부시게 내리는 햇살도,

새것이 되어준 덮개도.

이 모든 것이 이번 가을, 제게 아름다운 추억을 선물해 주었습니다.

기분이 울적한 날,
방 산 시 장

오늘은 방산시장에 다녀왔어요.

감각 있는 살림꾼들이 입을 모아 방산시장, 방산시장해서요.

저는 물건을 사러 시장에 가기 전에 큰 책방이나 인터넷에서

예쁜 살림에 관한 사진들을 많이 보는 편이에요.

갖가지 참신한 정보를 가지고 가면

더 알뜰하고 풍성한 장보기를 할 수 있으니까요.

방산시장에 가 보니 역시나 모두들 입을 모아 방산시장을 말할 만하더군요.

다양한 아이템과 빼곡하게 들어선 가게들.

같이 간 친구가 경고합니다.

"천천히 봐. 그리고 잘 생각해 보고 꼭 필요한 것만 구입해야 해!"

이날 저는 바자회에 쓸 종이 포장백만 샀습니다.

돌아오는 내내 방산시장에서 본 아이템들이 머릿속을 떠나지 않더군요.

그리고 그것들은 여러 가지 근사한 아이디어가 되어

일상에 커다란 활력을 주었습니다.

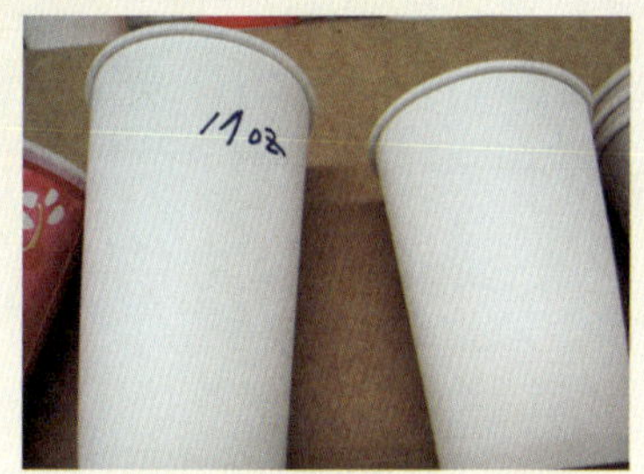

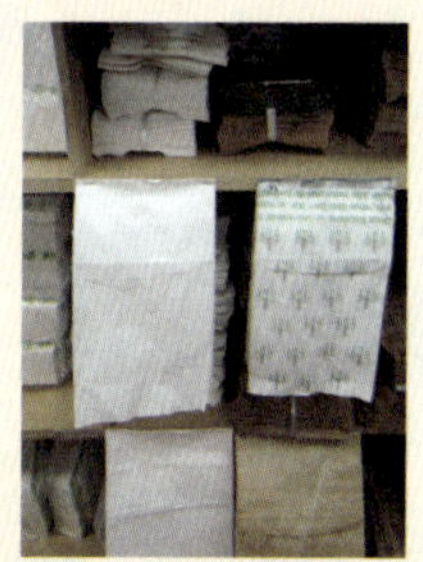

방산시장에서는 종이컵, 종이봉투, 유리병, 리본 등 다양한 포장 문구 재료를 저렴한 가격에 구입할 수 있어요. 뿐만 아니라 다양한 제과제빵 도구도 만날 수 있지요. 보기만 해도 사고 싶은 욕망을 일으키니 함부로 지갑을 열지 않도록 조심해야겠습니다. 방산시장은 서울 지하철 2호선 을지로4가역 부근에 위치합니다.

특별한 일상의 선물,
스탬프로 만든 네임태그

고마운 마음, 나누는 즐거움을 모양 펀치와 스탬프로 좀 더 꾸며 보려 합니다.

우선 집에서 만들어 먹는 간장, 매실청,

떨어지는 모과를 모아 만든 모과차 등을 예쁜 유리병에 넣었습니다.

예쁜 스탬프를 찍어 만든 카드에 마음을 적습니다.

나비, 천사 등 다양한 모양의 펀치로 펀칭한 종이를

네임 태그처럼 달아도 좋지요.

네임 태그에는 내용물을 만든 날짜와 간단한 메모를 남깁니다.

재봉틀로 기름종이를 박아 봉투를 만들고 유리병을 넣어 여러 가지

수실로 살짝 묶어 주니 보내는 정성이 더 따스하게 보이는 것 같아

마음이 환해집니다.

내용물도 더 귀하게 보이고요.

Merci

1 매실청을 깨끗하게 소독한 유리병에 담아요(소독은 병과 뚜껑을 물에 잠기게 넣고 15분 정도 팔팔 끓여 주면 돼요).
2 아이들 색종이나 예쁜 포장지 조각에 레터링 스탬프나 모양 펀치를 찍어 카드와 네임 태그를 만들어요.
3 네임 태그에 리본끈 또는 노끈을 달아 유리병에 묶으면 완성.

만드는 김에 몇 개 더 만들어 두어야 겠습니다.

포장에 제 마음을 담으니 귀한 벗들과 나누는 즐거움이 더 커질 듯 싶습니다.

근사하게 값나가는 선물이 아니면 어떤가요.

이미 제 마음을 아는 벗들인 걸요. 제가 이리 마음을 나눌 수 있도록

예쁜 병이나 특이한 스탬프 같은

재미있는 아이템들을 보면 제 얼굴이 생각난다며

선물해 주는 마음이 고운 벗들.

벗들은 저에게, 저는 다시 그 벗들과 또 다른 벗에게……

그렇게 마음이 흐릅니다.

따스한 정으로 예쁘게 묶고 기쁨이란 샘 위로 띄우는 선물.

참 좋습니다.

이 조그만 기쁨들이 메마르고 거친 누군가의 마음에

기쁨의 마중물이 되어 주길 소망해 봅니다.

따스한 정으로 예쁘게 묶고 기쁨이란
샘 위로 띄우는 선물.
참 좋습니다.

소중하고 신성한 축복, 아 기 세 례 복

오래전부터 마음에 품었던 일 하나를 시작했습니다.
세상에 태어난 아기들이 처음으로 성전에서 주님께 인사드릴 때
입는 옷을 만드는 것이죠.
결혼 예배에 입는 축복의 옷을 짓는 세월 동안
마음에 품었던 조그만 일을 이제야 시작한 겁니다.
한 땀 한 땀 천사 같은 아이들을 생각하면서 바느질을 하다 보니
금세 옷이 지어졌습니다.
평온하게 잠들어 있거나 혹은, 눈을 맞춰 주며
하늘 미소를 보내 주는 아이의 보닛,
신기할 정도로 조그만 손가락들을 받쳐 줄 소매,
동그란 엉덩이와 토실한 발을 감싸 주는
스커트를 만들면서 누구보다 행복했습니다.

아이가 세상에 나올 때까지 그 행복한 기다림 속에서
넉넉히 일주일 정도면 누구나 지을 수 있을 것 같습니다.
레이스를 얹을 수도 있고,
수를 놓을 수도 있고,
구슬을 꿰어 놓을 수도 있겠지요.
아!
손싸개며 발싸개도 만들 수 있겠군요.

첫 번째로 지은 이 세례복은 하용조 목사님의 품에 안겨
세례를 받은 아기가 입었습니다.
아기의 엄마는 몇 년 전,
제가 지은 드레스를 입고 서약을 한 신부였답니다.

초대 받은 세례식 날.

새벽부터 설레는 마음으로 준비를 하고는 교회로 갔습니다.

양가의 할머니 할아버지와 모든 가족들이 새벽부터

아니, 오래전부터 기쁨으로 준비해 온 축복의 기도를 주려고 기다리고 계셨어요.

아기는 세례식 내내 잠들어 있었지만

우리는 기도로 하나 되어 아기를 맘껏 축복했답니다.

하나님의 마음이 목사님을 통해 제게도 전해지는 것 같았습니다.

아주 오래전,

우리가 태어나기 전부터 형언할 수 없는 기쁨의 축복을 주시려고

우리가 잠들어 있을 때도, 미처 느끼지 못하는 순간에도

한결같이 곁에 계신 그분의 마음이 느껴집니다.

돌아오는 길,

저를 쳐다보시며 "고마워!"라고 말씀하신 하용조 목사님의 목소리가 맴돕니다.

고맙다는 그 말 앞에 왠지 더 부끄럽고 미안해지는 마음입니다.

아! 오늘은 혜영 씨네로 옷본이랑 원단이랑 챙겨서 가야겠습니다.

하음이 · 하랑이 · 하율이의 동생 하엘이의 영아 세례식이 곧 있다고 합니다.

마음씨 곱고, 얼굴 이쁘고 살림 잘하는 혜영 씨네 집에서

사랑스런 하엘이의 예쁜 세례복을 같이 짓기로 했습니다.

그러고 보니 하음이에게 오래전 선물한 세례복 패턴도 떠 놔야겠네요.

따스한 차를 준비해 줄 혜영 씨를 생각하니

가는 길, 햇살이 더 살갑습니다.

새로운 탄생을 위하여,
나 뭇 가 지 치 기

자작나무 가지치기를 2년 만에 했습니다.

무슨 이유에서인지 작년에는 몸살을 하기에 그냥 두었지요.

그랬더니 올해는 해가 보이지 않을 만큼 무성하게 자라 버려

그 아래 키 작은 꽃이며 허브들이 시들합니다.

이틀에 걸쳐 작업을 하고 나니 하늘이 뻥! 뚫렸습니다.

큰 나뭇가지들은 잘라서 겨울 장작으로 쌓아 놓고,
따라다니던 노을이와 앉아서, 잔 나뭇가지들을 불쏘시개로 손질하는데
예쁜 모양으로 자라난 가지들이 눈에 띕니다.
몇 개를 골라 집안으로 들어갔습니다.

가늘고 긴, 잘생긴 가
지들을 봄에 지지대로
쓰려고 한 쪽에 모아
두었습니다.

자라면서 싱그런 모습으로 기쁨을 준
자작나무 가지를 유리병에 꽂았습니다.
그리고 엄마 나무가 보이는 창가에 놓아 두었습니다.
그저 제 마음으로 고마운 생각에…….
겨울에는 트리 장식을 해 주어야겠습니다.

나무는 시원하게도 해 주고, 따뜻하게도 해 줍니다.
우리가 필요할 때 묵묵히 곁에서 친구가 되어 줍니다.
문득, 누구에겐가 저도 그런 친구가 되고 싶다는 생각이 듭니다.
올해 봄이 오면 고마운 나무들에게 맛난 퇴비를
정성껏 주어야겠다는 생각을 해 봅니다.

사탕보다 더 매력적인 맛,
핼러윈데이 그리고 호박파티

깊어 가는 가을을 느끼며

눈에 보이는 풍성한 수확과 함께 자연의 유머를

일상에 표현해 봐야겠다는 생각이 떠올랐습니다.

세트 디자인을 하는 친구들과 모여 자연에

숨어 있는 재미를 찾아 나누어 보기로 했습니다.

우리는 우선 가을을 대표하는 채소를 꼽아 봤습니다.

바로 호박이 뽑혔죠.

호박은 모양도 품종도 여러 가지입니다.

오늘 우리에게 뽑힌 호박은 애호박이나 늙은 호박이 아닌,

미국 등에서 핼러윈데이 때 주로 사용하는 커다란 주황색 호박입니다.

호박에 아이들은 그림을 그리고, 아빠는 속을 파내고,

엄마는 긁어 낸 호박 속으로 갖가지 요리를 합니다. 호박은 색도

예쁘고 껍질도 단단해 홈파티 재료로도 꽤나 요긴합니다.

어둠이 깔리고 호박 안에 전구를 켭니다.

호박 주위에 아이들이 놓아 둔 거미, 박쥐 등이 있네요.

아이들에게 이 모든 것은 그저 흥미롭고 장난스러운 일일 뿐입니다.

들뜬 아이들을 따라 어른들도 덩달아 동화 나라에 온 듯

마음이 둥실 떠다닙니다.

실은 박쥐에게선 어둠 속에서도 깨어 분별하는 지혜를,

징그럽기만 한 거미에게선 여름내 묵묵히 해충들을 잡는

성실함을 배울 수 있습니다.

그리고 호박 안의 은은한 불빛은 조용히,

그러면서도 깊은 우리의 내면을 들여다보게 합니다.

요리가 다 되었습니다.

추수 음식과 함께 감사를 나눕니다.

아름다운 가을밤,

어른이 되어 잊고 있던

소소한 주변의 일상에 감사하는 마음을 가져 봅니다.

성냄과 두려움이 아니라 사랑의 주님께 감사하는 마음을.

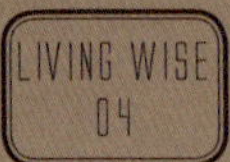

박스를 이용한 작업실 정리법

이것저것 모으는 것을 좋아하다 보니 책이며 문구며 잡다한 뭔가가 참 많은 살림입니다. 처음 정리를 시작할 때는 한번에 모두 해낼 엄두가 안 나 그저 아이템별로 박스에 모아 두었습니다. 그러다가 시간이 날 때 짬짬이 한 가지씩 정리했습니다. 시간이 가면서 박스가 많이 모이고, 모으다 보니 모으는 요령도 생기고, 정리 요령도 생겨 이젠 제법 그럴듯해 보입니다.

박스를 이용한 수납은 간편하고, 보기도 좋고, 꺼내기도 좋습니다. 바닥에 그냥 두는 것보다 청소도 쉽죠. 요즘은 포장 박스들이 어찌나 모양도 좋고 튼튼한지 모으는 재미도 쏠쏠합니다. 모양도 중요하지만 저는 튼튼한 박스를 좋아합니다. 그래야 수납을 잘할 수 있으니까요.

책상과 책꽂이 근처에는 A4 용지
가 들어갈 수 있는 튼실한 구두
박스를 애용하고, 포장용 리본 같
은 자잘한 것들은 폭이 넓은 박
스에 모아 놓습니다.

차곡차곡 쌓아놓고 내용물에 대한 내용만 적어 놓으면 꺼내 쓸 때도
편합니다. 책과 문구류들은 세워서 꽂아 놓으면 서랍처럼 꺼낼 수 있
어 더욱 좋습니다. 구두 박스는 말만 예쁘게 하면 구두 한 켤레만 사
고도 몇 개씩 얻어올 수 있답니다.

박스를 좋아하다 보니 예쁘고 튼실한 박스들만
보면 무조건 크기별로 차곡차곡 모아 두는데 그
래도 어느 정도 모였다 싶으면 제가 꼭 쓸 만큼
만 두고 필요한 이들과 나누어 쓴답니다. 너무
낡은 박스들은 새것으로 바꾸기도 하고요.

박스로 정돈된 모습을 보고 즐거워하는 친구들
과는 수납에 대한 아이디어를 나누기도 합니다.
또 예쁘고 작은 박스들은 비누나 조그만 선물을
할 때 재활용하기도 합니다.

뭐든지 즐겁게, 즐겁게!

기쁨은 작은 것이라도 전염이 되나 봅니다.

정리, 처음엔 엄두가 안 나 그저 부담으로만 여겼는데 나름
모으기가 취미인 저의 성격에 맞게 수납을 하니 정리가 즐
겁습니다.

WINTER

행복한 차 한 잔의 여유,
티 코 스 터

부쩍 차가 그리워지는 계절입니다.

더불어 손님이 오셨을 때 부산한 그릇 소리도 잠재우고,

차를 따뜻하게 유지해 주는 티 코스터가 필요한 계절입니다.

뭐 비싸고 고급스런 제품들도 많겠지만,

주변의 여러 가지 쓰고 남은 원단들을 잘라 쉽게 활용해 봅니다.

작은 조각 펠트를 직사각형으로 잘라

그 위에 자투리 체크 원단의 올을 풀어 얹으니

멋있는 티 코스터가 되었습니다.

만드는 데 걸리는 시간은 약 2분 정도?

자투리 조각으로 만든 티 코스터.

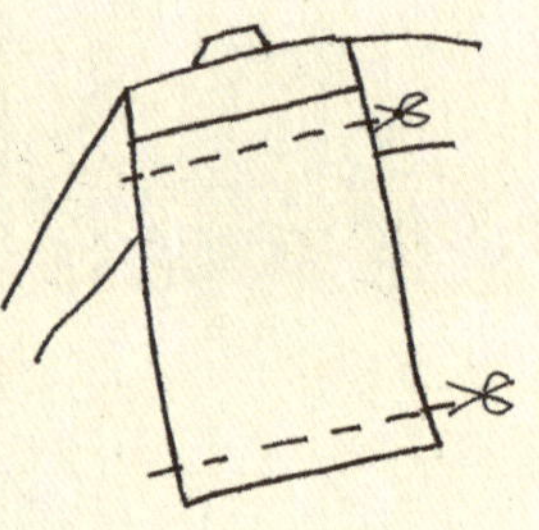

얼룩이나 여러 이유로 못 입게 된 아까운 면이나 리넨 셔츠들을 보관해 두었다가
여러 모양으로 잘라 자투리 원단으로 애용합니다.

하다 보니 재미있어져서 조금 응용도 해봅니다.

제가 좋아하는 책《리네아 이야기》에 나오는 나뭇잎 모양을 따라 그려

펠트지에 올려놓고 잘랐어요. 잎맥은 손으로 쉽게 스티치했고요.

뒤집어 놓을 수도 있고, 그냥 놓을 수도 있고,

만들기 쉬워서 좋고, 개성 있어 보여서 좋고.

무엇보다 돈도 안 들고.

저의 게으름도 사랑하셔서

새로운 것을 채워 주시는 하나님!

펠트는 표면에 질감이 있
어 면 등 다른 천을 위에
얹어 두어도 움직이지 않
는 특성이 있지요.

포근하고 따뜻한, 보 온   커 버

괜스레 우울해지고 힘이 빠진 날이면 시장에 나가 봅니다.

동대문종합시장 4, 5층을 다니다 예쁜 색색의 펠트를 보았어요.

두께도 다양하고 심지어 가격까지 착한.

먹먹했던 가슴에 색색의 펠트가 들어와 어느새 마음이 평온해졌습니다.

좋은 색을 골라 만 원의 사치를 누려 봅니다.

집으로 오는 내내 만지작거리며 온갖 만드는 상상을 합니다.

따끈한 얼 그레이 차 한 잔으로 몸을 녹이다

추운 날씨에 금세 식어 버리는 찻잔을 보고

펠트를 꺼내 보온 커버를 만들어 봅니다.

가위, 송곳, 단추, 실, 바늘, 끈을 꺼내 요리조리.

보기도 좋고,

만들기도 쉽고, 차도 덜 식고!

내친김에 핫팩 주머니도 만들어 봅니다.

레이스를 살짝 얹어 장식하니 근사하네요.

내일 있을 모임에 가져가야겠습니다.

누군가 나와 같이 즐거울 걸 생각하니 기쁨이 뭉클 올라옵니다.

내일이 기다려집니다.

펠트는 따로 마감 처리를 하지 않아도 올이 풀리지 않아요. 간단한 가위
질만으로도 뚝딱 손쉽게 만들 수 있어 편하네요.

이느새
우울은 흔적도 없이 없어져 버렸습니다.
행복해하느라 우울할 겨를 없는 하루였습니다.
늘 밝은 빛을 선택하는 삶을 살기를 기도합니다.
덤벙대고 실수투성이지만,
그래도 오늘은 조금 더 환하게 가족을 사랑할 수 있었습니다.
내일은 조금 더 사랑이 자라겠지요?

일상 속 기억 저장고,
소 품 주 머 니

나갈 때마다 핸드폰과 열쇠를 한참 찾습니다.

유난히 덤벙대고 정신없는 저의 일상.

현관 문고리에 펠트로 주머니 하나를 만들어 걸었습니다.

펠트는 적당히 부드럽고, 힘이 있어 만들기 참 쉽습니다.

열쇠 고리로 사용해도 가볍고 좋고요.

제 일상도 주님 쓰시기 편한 그릇이면 좋겠다고 생각합니다.
그리 살게 도와 달라고 기도합니다.

내친김에 여러 개의 리모컨이 있는 거실에도

주머니를 만들어 걸었습니다.

이젠 리모컨 찾느라 두리번거릴 일이 없을 것 같습니다.

메모지랑 연필도 몇 개 넣어 두었어요.

재봉틀 옆에도 주머니를 만들어 가위며 줄자를 넣어 두었습니다.

아주 좋습니다.

혼자 있으면 모나고,

다른 것과 엉키기 쉽고,

뾰족해서 찔리기 쉽고,

없어지기 쉬운 여러 가지 물건들이

조용히 주인 쓰기 좋게 주머니 안에 들어가 있는 모습을 보면서

묵상합니다.

나의 일상도 그분 쓰시기에 편한 그릇이었으면 좋겠다고 생각합니다.

포근포근 겨울놀이,
눈 사 람   그 리 고   추 억

밤새 포근포근, 함박눈이 내렸어요.

겨우내 싸리눈만 내려서 투덜대던 막내와

이른 아침부터 눈사람을 만들어 봅니다.

녀석, 눈 놀이가 즐거운지 컴퓨터 게임은 생각도 못하네요.

제가 하나, 막내가 하나. 그렇게 두 개의 눈사람이 만들어졌습니다.

나뭇가지 눈썹, 솔잎 눈, 당근 코에 손가락으로 미소를 새긴

막내의 슬림한 3단 눈사람.

제가 만든 오동통한 2단 눈사람.

모양은 다르지만 웃는 표정은 똑같습니다.

우리의 즐거움이 눈사람 표정에 그대로 묻어난 듯합니다.

행복은 바이러스와 같아 손대는 것마다,

눈이 마주치는 것마다 전염시킵니다.

장난꾸러기 비글을 비롯한 삼총사 개들도 아주 신나합니다.

눈사람을 다 만든 막내는 동
네 친구와 함께 썰매를 타며
놀았습니다.

막내가 만든 눈사람이 빗자루 팔을 하늘 높이 들고 인사
하네요. "엄마, 안녕!"

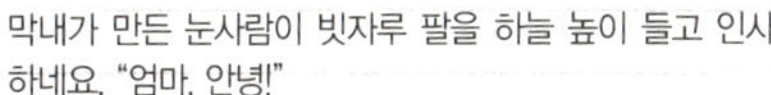

솔잎은 눈, 당근은 코,
나뭇가지는 눈썹. 멋
지게 밀짚 모자도 씌
우고 빨간색 목도리도
둘러 주었습니다.

막내가 건강하게 자랐으면
하는 마음에 눈사람을 통통
하게 만들었는데, 키가 컸으
면 하는 바람을 가진 막내는
키 큰 눈사람을 만들었습니
다. 물론 엄마의 마음은 키
도 크고 건강한 두 마음을
합한 것입니다.

즐거운 마음에 놀러 온 막내 친구들을 위해 특별한 간식을 준비했습니다.

티 워머에 따뜻하게 중탕한 초콜릿과 딸기를 내놓았죠.

아주 간단한 방법인데, 아이들이 신기해하며 감탄합니다.

따뜻한 초콜릿에 딸기를 찍어 먹는 아이들이 너무 사랑스럽습니다.

녀석들, 조금 앉아 있나 싶더니

썰매를 가지고 나가 양볼이 빨갛게 되도록 뛰어다닙니다.

추운 겨울이지만 아이들은

추운지도 모르고 즐거움을 만끽합니다.

하루하루 얼마나 많은 선물을 받고 사는지.

하마터면 이 즐거움에 감사를 깜빡 잊을 뻔했습니다.

감사와 기쁨은 표현할수록 몇 배로 커진다는 걸 알면서도

참 놓치기 쉽습니다.

자기 전에 막내와 감사를 헤아려 보니 녀석은 저보다 감사가 더 많습니다.

눈덩이가 잘 뭉쳐지는 함박눈을 주셔서 감사하고,

엄마와 같이 놀게 해 주셔서 감사하고,

놀다 주머니에서 빠진 게임 카드를 금방 찾게 해 주셔서 감사하고,

숙제가 없어 감사하고,

내일도 노는 날이어서 감사하고…….

녀석다운 기도에 그만 웃어 버렸습니다.

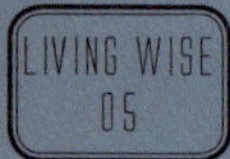

매일이 발렌타인데이

발렌타인데이가 정확히 언제 어느 때 시작되었는지 잘 모르지만
사랑하는 이에게 초콜릿을 주는 날이라고 치자면 우리 집은 늘 그날입니다.
새알 초콜릿과 달달한 간식을 좋아하는 우리 식구들을 위해
전 집안 곳곳에 색색이 예쁜 초콜릿을 놓아 둔답니다.
물론. 아이들이 다 자란 후부터지요.
청소하다 몇 알씩 먹기도 하고, 오가는 손님들에게 주기도 하고.

아이들 다니는 곳에는 글루건으로
장식을 붙인 초콜릿 병을 놓았습니
다. 재미있게 마음을 잡았으니 성공
이죠?

이번에는 부부 침실 곁에 두려고 소품을 이용해 담아 보았습니다.
그냥 모양으로 놓은 유리 그릇에 초콜릿 몇 알 넣고
작고 가느다란 초를 꽂아 놓으니 무척 로맨틱해지네요.

STORY
41

왁자지껄, 함께해서 즐거운
크리스마스 트리 장식

저는 매년 트리를 장식하는 날에는 가까운 친구들을 불러 함께 장식합니다.

올해는 꼬마 손님들도 오셨네요.

정말 흥겨운 날입니다.

작년에 넣어 둔 장식품들을 꺼내 놓았습니다.

박스에 가지런히 보기 좋게 들어 있네요.

먼지를 털면서

지난 크리스마스를 떠올려 봅니다.

멀리 있어 이번엔 오지 못하는 친구도 생각나고

그때 재미있었던 추억들을 떠올리고.

장식을 꺼내는 동안 친구들이 모여듭니다.

꺼내고, 바닥에 펼쳐 놓고.

키 큰 친구는 트리 높은 곳에 장식을 달고,

아이들은 심부름을 하고,

저는 토마토 수프를 끓이고.

우리는 예쁜 선물을, 서로에 대한 고마움을
조금씩 나누며 행복도 나눠갑니다.

"내년에도 같이 했으면 좋겠다!"

멀리 있어도 서로를 위해 기도해 주며 그렇게 따뜻하게 살아가자 이야기합니다.

"트리 정리하는 날 누구누구 올 수 있어?"

"그땐 메뉴가 뭐야? 내가 디저트 만들어 올게."

함께하기 때문에 빛나고 행복한 삶이라는 걸

그들이 있어 풍성하다는 걸 저절로 느끼게 되는 저녁입니다.

다 쓴 크리스마스 장식은 박스에 담아 가지런히 정리합니다.
그래야 내년에 나시 쓸 때 기분이 좋거든요.

사랑을 주고받는
즐 거 운 크 리 스 마 스

우리를 위해 이 땅에 오신 아기 예수 탄생일,

크리스마스!

성탄을 맞아 지인들과 함께 집안을 나누는 사랑으로 장식해 보기로 했습니다.

예쁘고 지혜로운 나의 지인들이 서로에게 주려고 가져 온 선물로 말이죠.

케이크와 쿠키를 구워 온 친구,

향긋한 여러 종류의 차를 가져온 친구,

예쁜 빈티지 찻잔을 들고 온 친구,

태어날 친구의 아기를 위해 양말을 가져온 친구,

친구의 세례식을 위해 리넨 컵 받침 세트를 준비한 친구 등.

서로를 향한 귀한 마음이 고스란히 묻어 있습니다.

이 모든 선물을 미리 장식한 트리 아래 모아 놓으니

특별히 화려한 장식이 없어도

참 예쁜 크리스마스 장식이 되었습니다.

결혼 예배나 세례식 때 쓰
라고 가져온 수놓은 리넨
세트를 빨간색 털실로 묶
으니 참 예쁘네요.

선물들을 가만히 보고 있자니 아이디어가 떠올랐습니다.

아이들 목도리를 짜다 남은 빨간색 털실로 선물들을

하나하나 묶어 보았습니다.

멋진 포장 끈처럼 보이네요.

비싼 포장지가 아니어도 참 근사합니다.

아이들도 어른들도 감동입니다.

이렇게 근사한 선물을 들고 찾아온 이들에게 어떻게 답을 할까

고민하다 차를 선물하기로 했습니다.

향도, 모양도, 빛깔도 좋은 차를 시험관에 넣어 친구들 돌아갈 때
하나씩 주려 담았습니다.
쌀쌀한 날씨에 돌아가 따뜻하게 마시면 좋을 것 같아서요.
제가 가지고 있던 나무 박스에 나란히 놓으니 마치 세트처럼 보이네요.
이참에 제가 제일 좋아하는 계피도 묶어 옆에 놓아 봅니다.
서로 고운 마음을 주고받습니다.
눈이 쌓인 마당에 바람이 아무리 쌩쌩 불어도 우리들 마음은 마냥 훈훈합니다.
모두들 메리 크리스마스!

디저트 쿠키를 구워 온 친구가 유난히 나무 박스를 좋아하는 저를 생각해 나무 박스에 쿠키를 담아 왔네요. 그녀의 정성이 반짝거립니다. 쿠키도, 나무 박스도 너무 행복합니다.

종이 박스 안에는 곱게 접힌 꼬마들의 양말, 작은 곰 인형과 오너먼트로 써도 좋을 빗자루 장식이 들어 있네요. 크리스마스 분위기 물씬 풍기는 박스를 붉은색 털실로 묶으니 근사해 보입니다.

오간자 주머니에는 아기
모자와 신발이 들어 있었
습니다. 리본끝 장식은 곰
돌이 오너먼트.

빈티지 잔에는 꼬마들이 그린 크리스마스 카드를 태그
처럼 붙였습니다. 예쁜 찻잔에 아이의 마음까지 덤으로
얹어졌습니다.

은은한 빛이 아름다운,
한지 크리스마스 장식

공연과 전시회는 많은 감동을 줍니다.

그러한 감동은 삶을 풍요롭고 아름답게 만들어 주지요.

그런데 저는 공연 시작 전의 이야기와 생각들이 더 궁금하고 흥미롭습니다.

근사하고 화려하게, 가슴 두근거리게 하는 그런 걸 만들어 내고,

생각해 내는 사람들의 가슴은 나와 뭐가 다른지 알고 싶기 때문이지요.

무대 뒤편의 그들이 있기에 화려한 조명 아래 작품들이 꽃을 피우고

향기를 뿜어 내며 마술을 현실로 만들잖아요.

얼마 전, 한 전시회에서 빛을 이용한 한지 세트를 보고

가슴이 뛰었습니다. 운 좋게도 이것을 만든 이들을 만났는데

아주 젊고 예쁜 커플이었지요.

밤비니의 정세훈 실장과 양효진 실장.

서로를 받쳐 주며 즐겁게 작업하는 모습을 보니 제가 덩달아 기뻤습니다.

그들과 이야기를 나누다 한지로 만드는 크리스마스 트리를 생각해 보았어요.

그리고 함께 만들어 봤습니다.

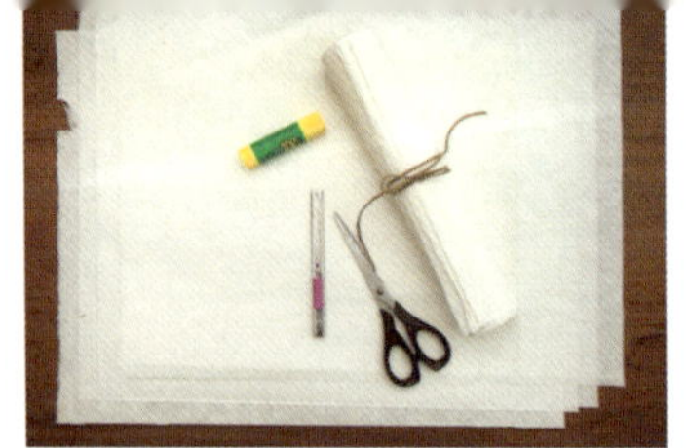

우선 한지 몇 장, 딱풀, 투명 PVC, 목공 본드, 칼, 가위 등을 준비합니다.

이것들은 문구점에서 쉽게 구할 수 있는 것들이죠.

먼저 목공 본드와 밀가루 풀을 섞어 놓습니다. 한지를 붙일 때 사용합니다.

커다란 PVC를 트리 모양으로 잘라 그 위에 한지로 만든 잎들을

여러 겹으로 겹쳐 붙입니다.

이때 역광으로 비춰 보면서 겹쳐진 부분이

너무 복잡해지지 않도록 하는 것이 요령이죠.

잎은 한지 여러 장을 겹쳐

칼로 오리면 쉽게 여러 장을 만들어 낼 수 있습니다.

동그란 오너먼트를 겹쳐 붙여 명암을 줘 보기도 하고

선물 박스 모양으로도 응용해 보았습니다.

이들과 작업하면서 참 많은 생각을 했습니다.

나 홀로, 그렇게 밋밋하고 단순한 모양에서

다른 생각과 다른 모양의 누군가와 한 겹 두 겹 조화롭게 겹쳐지며

살아가는 것이 삶의 모양인 것 같습니다.

제 삶에 빛이 비춰질 때, 모양새가 예뻤으면 합니다

은은하게 향이 있었으면 더 좋겠습니다.

홀로 외롭지 않고, 너무 복잡하지 않게 조화로우며,

빛으로 인해 아름다울 수 있는 삶이 되길 소망해 봅니다.

그의 특별한 선물,
나 무   보 드

우리 집 거실 소파 앞에는 테이블이 따로 없습니다.

바퀴가 달려 있는 스툴이 있는데 평상시에는 발도 올려놓고,

손님이 많이 오면 의자로도 쓰지요.

테이블이 없어 조금 불편해하는 저를 보고는

남편이 보드를 만들어 주었습니다.

나무 트레이 형태인데 제가 쓰기에는 아주 좋습니다.

간단하게 티 타임을 가져도 좋을 만큼 재질도 따뜻하고요.

무슨 나무인지는 잘 모르지만 무뚝뚝한 남편이 저를 위해 신경 쓰고

시간을 내 만들어 준 특별한 선물입니다.

이 선물을 받은 그날은 너무너무 행복한 날이었습니다.

다른 방에 있는 작은 네모난 스툴 위에도 사이즈를 맞춰서

나무 보드를 만들어 주었는데 요즘은 남편이 더 애용합니다.

바퀴가 있어 이동도 쉽고 스툴로 이용하고 싶을 땐

나무 보드만 빼 놓으면 되니까요.

좋아하는 저를 보면서 만들어 준 남편이 더 좋아합니다.

두고두고 잘 쓰다 나중에 제일 예쁜 며느리에게 물려줄 생각입니다.

순결한 첫사랑의 기억,
빈 티 지   액 자

아이들 키우며 정신없이 살아온
세월의 흐름에 속절없이 낡아 헤지고 떨어져,
뒤로 물러나 어느 한 구석에 처박혀
그야말로 빈티지vintage가 되어 있는 것들.
한때 사랑하는 사람들과 보냈던 시간들.

이제는 추억이라 부르는 그 시간들,

이제는 기억의 저편으로 물러나 있습니다.

사랑하는 이를 만나 누렸던 아름답고 빛나는 시간들이

그렇게 쌓여 있네요.

조심스레 꺼내 먼지를 털어 내며,

다시 풀을 먹여 다려 봅니다.

그리고 설레는 마음으로 그 순간들을 떠올려 봅니다.

홍차 한 잔의 따뜻한 향기,

전축에서 들려오는 피아노 소리,

선풍기 바람에 살랑이던 레이스 손수건,

하늘거리는 실크 블라우스 위에 곱게 얹어 있던 레이스 조각들,

사랑하는 이를 같이 기다려 준 손지갑과 장갑,

많은 아름다운 시간들을 같이했던 진주 목걸이,

바쁘게 돌아가는 시간 속에서도

가끔씩 떠올라

나의 마음을 사랑으로 물들이는 첫 사랑의 순간.

'나의 사랑, 나의 신부여 일어나 같이 가자'

이 모든 기억들을 빈티지 액자에 담아 봅니다.

나의 소중한 기억이 유산heritage이 되어

누군가에게도 그 사랑이 전달되기를 바라면서.

이렇게 만든 빈티지 액자가

주님의 마음에 기쁨을 주는, 사랑의 헤리티지가 되길 바라면서.

소중한 기억을 담아 빈티지 작품을 만들어 봅니다.

마지막으로

내 마음속에서도 영원히 지워지지 않기를 소망하면서.

카메라를 산 어느 날, 일 상 들

기계와 정말 친하지 못한 제가 카메라를 구입했어요.

한밤중에 TV를 보다가 고운 밤색 카메라가 눈에 들어와

용기를 내보았답니다.

카메라를 받은 순긴,

모두 그러하듯이 여기저기 셔터를 눌러 대며 집안을 돌아다녔습니다.

그러자 프레임 안에서 새로운 세상이 발견되었습니다.

여기가 이랬구나!

이런 게 여기 있었네!

이것만 봐 왔는데 뒤에 저런 게 있었네?

가깝게 들여다보니

이것저것 일상들이 참 신기하게도 새롭게 보였습니다.

작업실 책상 위의 등.
뒷 배경과 함께 이렇게 잘 어
울리는 줄 몰랐네요.

과자 박스, 구두 박스, 안 쓰
는 조화 들을 의자 위에 올
려 놓고 찍어 보았어요. 참
별거 아닌데 찍고 보니 근사
해 보이네요.

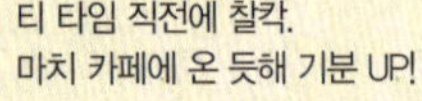

티 타임 직전에 찰칵.
마치 카페에 온 듯해 기분 UP!

유리 덮개 안에 결혼 이미지
를 담은 액자를 넣고 찍어
보았어요. 유리 덮개가 반짝
이며 결혼 액자를 감싸고 있
는 모습이 주님의 사랑처럼
느껴졌습니다.

치우기 바빴던 아이들의 장난감도,
초침소리 시끄럽다며 아들 방에서 쫓겨난 시계도,
촬영장에서 얻어온 깃털도,
어느 빵집의 명함과 초콜릿 박스, 그림 엽서 등도…….
모두 각자 자신들의 자리에서 저의 일상에 즐거움을 주고 있었습니다.
누군가 호주머니에 넣어 준 달콤한 사탕들까지도 말이죠.
이거, 참 재미납니다!
일상의 소소한 것들이 보기 좋게 정리되는 것 같기도 하고요.

찍는 높이나 위치에 따라 늘 보던 익숙한 일상들이 모두 다르게 보입니다.
기술적으로는 잘 모르겠지만 이래서 사진들을 찍나 봅니다.
우리의 생활도 이러했겠구나 생각해 봅니다.
아이들의 칭얼거리는 얼굴이 상황에 따라 귀엽게 보이기도 했고,
짜증스럽게 여겨져 야단칠 때도 있었습니다.
남편이나 부모님께도 그랬고요.
예쁘고 고운 쪽으로 이해하기보다는
무거운 무게로만 느꼈던 제 삶을
카메라 앵글로 바라보니 후회스러운 게 더 많네요.
사진처럼 후회스런 장면들을 휴지통으로 넣어
삭제할 수 있으면 좋겠습니다.

일상들을 카메라에 찍으면서 스스로의 모습도
마음속에 담는 연습도 해야 할까 생각해 봅니다.
조금 더 고운 모습으로,
조금 더 예쁜 생각으로,
남은 시간 그렇게 채워가며 살고 싶습니다.

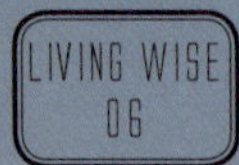

패트병을 이용한 소품 수납법

잘 오려지는 깨끗한 식수병(패트병)은 예전부터 요모조모로 잘 사용했어요.
처음에는 보리와 노을이(우리집 고양이들)의 간이 물그릇으로도 썼고요.
설거지 수세미 소독 그릇으로도 쓰고, 겨울철엔 집안에 들어 놓는 조그만 허브의 물 받침대로도 썼지요. 위쪽의 좁은 부분만 잘라내고는 싱크대 안에 두세 개 넣어 두고 재활용할 수 있는 종이 타월도 넣어 두기도 하고, 작은 비닐봉지들을 넣어 두기도 했지요.
요즘은 손잡이가 있는 찻잔 보관에도 이용하고 있습니다. 튀어나온 손잡이 부분이 나올 수 있도록 패트병의 옆부분을 길게 잘라 주면 됩니다. 모양이 같은 컵끼리 담아 두어도 흔들리지 않고 부딪혀 깨지지도 않아 좋더라고요. 물론 컵 사이사이에 이가 나가지 않도록 종이 타월을 넣어 두지요. 투명해서 내용이 잘 보이기 때문에 정리해 놓으면 깔끔합니다.

서재에서는 작은 클립, 압핀, 건전지 등을 넣어 두죠. 특히! 연필꽂이로도 아주 유용합니다. 색연필, 사인펜, 연필, 볼펜 등 구석구석 돌아다니는 녀석들을 모아서 꽂아 두면 상쾌하게 정리가 되거든요.

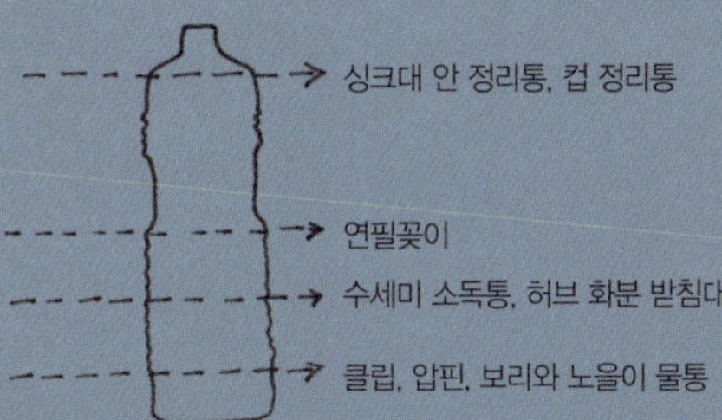

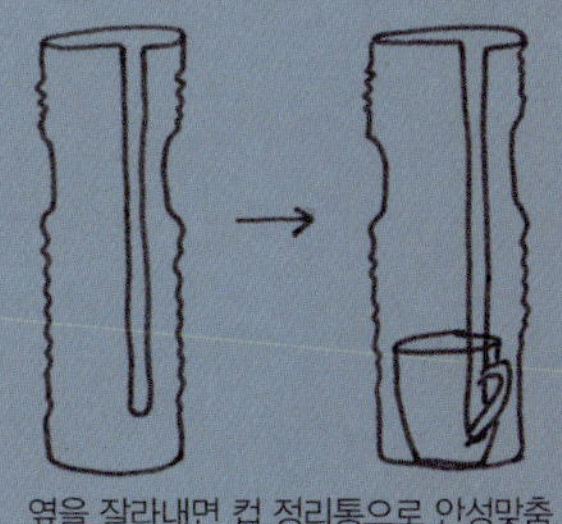
옆을 잘라내면 컵 정리통으로 안성맞춤.

사랑, 그 이상의 나눔
컴패션

함께 아파하는 마음 compassion은 한 어린이의 삶의 변화에 초점을 맞춰 아프리카, 중남미, 아시아 등 전 세계 가난한 어린이를 후원자와 1:1로 결연하여 영적, 경제적, 사회 정서적, 신체적 가난으로부터 자유롭게 하는 국제 어린이 양육 기구입니다. 1952년 한국의 전쟁고아를 돕기 위해 시작된 컴패션은 2012년 현재 한국을 포함한 11개 후원 국가에서 전 세계 26개국 120만 명 이상의 어린이를 사랑으로 양육하고 있습니다.

벽 한 면을 가득 채운 컴패션 아이들의 그림입니다. 아이들의 그림 속에는 꿈이 있고 사랑이 있습니다. 참 다행입니다. 어려운 처지에 놓인 이 아이들이 꿈을 꿀 수 있고, 사랑을 할 수 있어서.

이 아이들이 그림처럼 마냥 행복할 수 있는 세상이 왔으면 좋겠습니다.

노란 조명 아래 액자 속에서 아이들이 웃고 있습니다.

아이들은 저마다 각기 다른 사연을 가지고 있습니다.

아이들의 웃는 모습에 마음이 아파옵니다.

부디 이 아이들이 아름다운 미래를 꿈꾸고,

건강한 삶을 영유할 수 있으면 좋겠습니다.

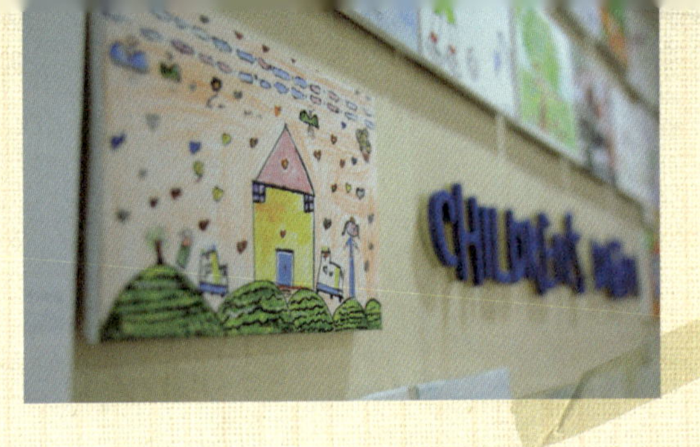

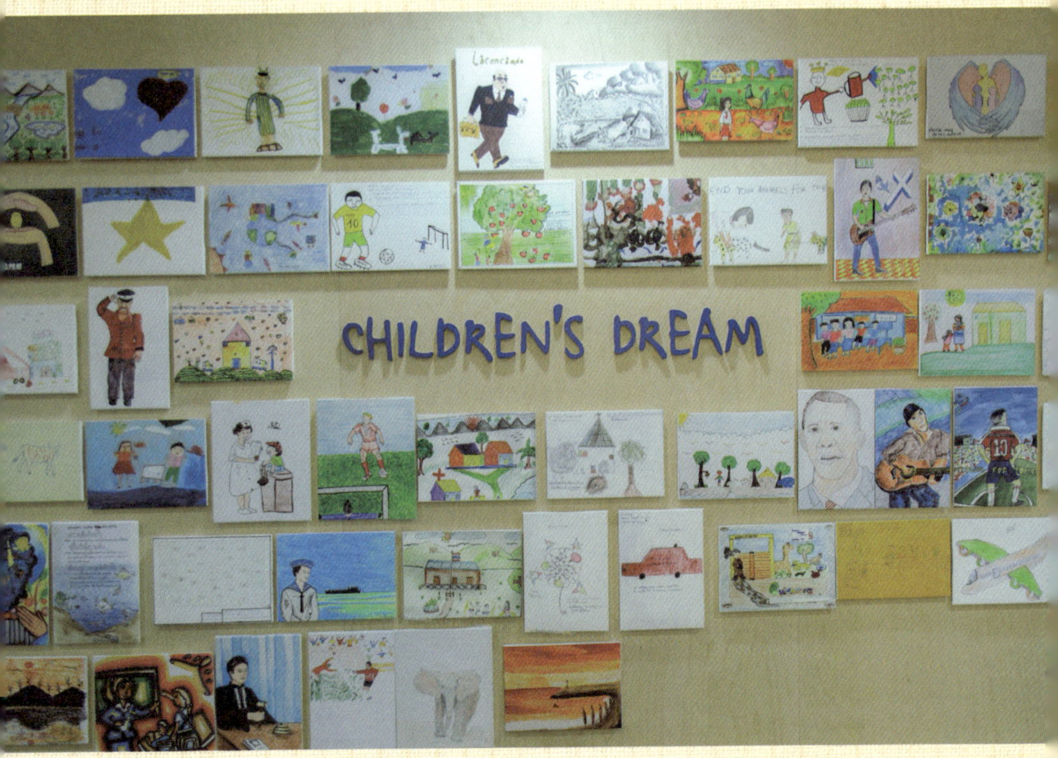
CHILDREN'S DREAM

I'll pray for you

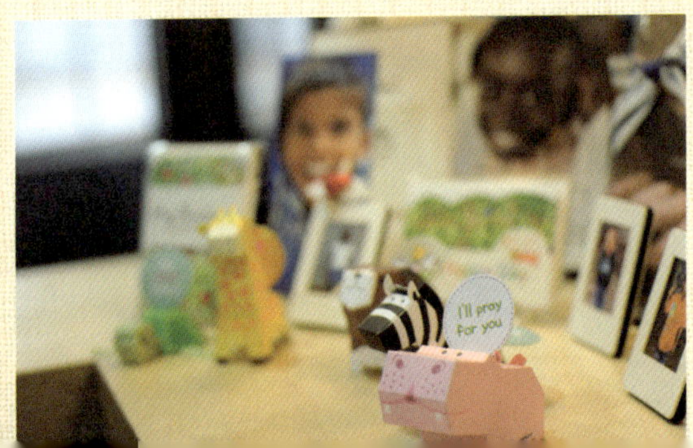

사진 제공 : 컴패션

노란 조명 아래 액자 속에서 아이들이 웃고 있습니다.

아이들은 저마다 각기 다른 사연을 가지고 있습니다.

아이들의 웃는 모습이 그저 마음이 아파옵니다.

THANKS

이 책의 시작은

몇 해 전, 〈위키트리〉 김행 대표가 일상의 소소함을 나누는 '리빙 와이즈'라는 칼럼의 연재를 격려해준 덕에 출발했습니다. 김행 대표는 인터넷에 무지한 저에게 일부러 시간을 내서는 인터넷에 글 올리는 법을 알려 주며 저에게 많은 용기를 주었습니다. 〈위키트리〉에 '리빙와이즈'라는 칼럼을 연재하는 동안 친구 박선이 (당시 〈여성조선〉 본부장)로부터 〈여성조선〉의 성격 좋고 사랑스런 박미진 기자를 소개받았고, 강현욱 실장과 신승희 씨(스튜디오 C-one), 이보영 실장(스튜디오 Rok), 방문수 실장(스튜디오 도트), 박종혁 실장(스튜디오 마다바름) 등의 사진가들을 만나 약 2년여 동안 〈여성조선〉에 연재했습니다. 그래서 여기에 실린 사진 중 일부는 바로 그때 〈여성조선〉에 실렸던 사진들입니다.
감사합니다.

그리고 〈위키트리〉의 사진가 김선태 실장, 바쁜 중에도 같은 시선으로 곁에서 사진을 찍어 이 책을 빛내준 남편이자 사진가인 허호 씨에게도 다시 한 번 감사합니다.